EL CÓDIGO SECRETO DE JESÚS

Según el Evangelio de Tomás

Lo Que El Evangelio De Tomás Revela Sobre El Maestro
Espiritual Más Influyente De La Historia

Autor:
Pluma Arcana

Con Presentación de:
Cynthia de Salvador Freixedo
Operación Arconte

Primera edición octubre de 2024

Derechos reservados. Ninguna parte de este libro puede ser reproducida o transmitida en cualquier forma o por ningún medio electrónico o mecánico, incluyendo fotocopiado, grabado o por cualquier almacenamiento de información o sistema de recuperación, sin permiso escrito de los autores.

Nota importante de exención de responsabilidad: Este libro es solo para propósitos educativos y de entretenimiento. El autor ha hecho todo lo posible para proporcionar información completa, precisa, actual y confiable, pero no se puede garantizar. El autor no es un experto en asesoramiento legal, financiero, médico o profesional. La información en este libro se ha recopilado de diferentes fuentes, por lo que es importante que consultes a un profesional antes de probar cualquier técnica descrita. Al leer este libro, aceptas que el autor no se hace responsable de ninguna pérdida directa o indirecta que pueda surgir por el uso de la información proporcionada, como errores o inexactitudes.

COPYRIGHT© OperacionArconte

Contenido

Presentación 1

Sobre El Evangelio de Tomás 3

    Singularidades 3

    Primera traducción 4

    Reflexiones 5

    Primeras impresiones del Evangelio de Tomás 6

    Descifrando su código 9

    Dos Caras de un Mismo Evangelio 11

    Las enseñanzas secretas de Jesús 12

    Evidencias de la antigüedad de Tomás 16

    Pruebas de un Tomás Primitivo 17

    Descifrando los Enigmas de Jesús 21

    Pablo: La clave para entender a Tomás 23

    Juan y Tomás: Una comparación 31

Introducción al Análisis 33

Traducción del Evangelio de Tomás 37

El Código Secreto de Jesús 59

    El Poder de la Comprensión 59

    La Senda del Buscador 61

    El Reino: Dentro y Fuera 65

    La Inocencia iluminada 70

    Unidos en la verdad 73

    El velo celestial 77

    El León y el Hombre 81

Platón y Jesús 84
El Pescador Prudente 86
El Sembrador y la Abundancia Divina 88
El Fuego Purificador 90
Lo efímero y lo eterno 93
El Sucesor Elegido 98
Discípulos en contraste 101
Ayuno, Oración y Limosna 105
El Padre Supremo 111
La Disensión Divina en la Tierra 113
La Promesa de lo Inimaginable 115
Los Cinco Árboles del Paraíso 117
El Reino de los Cielos y la Semilla de Mostaza 120
Los Discípulos como Niños en un Campo Ajeno 123
Niños en el Reino 129
El resplandor Interno 134
Uno en Cristo 136
Ojos para ver 139
Desprendimiento 140
Ebrios de ilusión 142
La Fortaleza Visible 144
La Serenidad en la Confianza 147
Revelación del Verdadero Yo 148
Búsqueda y Descubrimiento de la Verdad 150
Las Llaves del Conocimiento 152
La Vid Arrancada del Padre 155
La Parábola de la Mano y las Llaves 157

La Transformación Continua..160
Identidad de Jesús 162
Cosecha Interna..165
Grandeza y Humildad 168
Resplandor Primigenio...170
La Espera y el Presente 172
En Pos del amor divino 174
Descanso en el Sacrificio 176
Unidad Iluminada...178
La Revelación de los Misterios 181
La Paradoja de la Riqueza y la Unidad.................................184
La Invitación Rechazada 185
El Viñedo y sus Labores 188
La Piedra Angular 190
Conocimiento del Todo y del Ser...190
Bienaventurados los Perseguidos 191
Dichosos los Oprimidos 192
La Expresión Interna 194
Irrecuperable Ruina..196
Compartir en Lugar de Dividir...198
La abundante cosecha y la necesidad de obreros..................200
Sed de verdadera sabiduría...201
La Elección del Solitario 204
La Perla del Reino 205
Presencia Omnipresente 207
Verdad en la creación y en el poder 209
Prosperidad Espiritual 211

El Fuego y el Reino 213
La Luz y las Apariencias 215
Gozo en la autenticidad 217
Adán: Poder y Opulencia 219
Identidad en la Unidad 220
El Hogar del Hijo del Hombre 222
Espejismo Corpóreo 224
Naturaleza de Ángeles y Profetas 225
Armonía Interior y Exterior 227
El Yugo de Jesús 230
Búsqueda Incesante 231
La Sabiduría de Compartir 232
Compromiso con la Búsqueda 233
La Generosidad Desinteresada 234
La Unidad Divina 236
La Abundancia Compartida 237

El Hijo del Hombre 240
Arriba y Abajo, Dentro y Fuera 241
Conclusiones 243

Epílogo 251
Sobre el Autor 253

Presentación

El Evangelio de Tomás, descubierto en 1945 en Nag Hammadi, Egipto, ha sido objeto de fascinación y estudio durante décadas. Este texto antiguo, que consiste en una colección de 114 dichos atribuidos a Jesús, ofrece una perspectiva única y provocativa sobre las enseñanzas del Maestro, desafiando muchas de las interpretaciones tradicionales y ortodoxas.

En este libro, el autor Pluma Arcana nos sumerge en un análisis profundo y revelador del Evangelio de Tomás, desentrañando los misterios y las verdades ocultas que se encuentran en sus páginas. A través de un enfoque metafísico y gnóstico, el autor nos guía a través de cada uno de los dichos, explorando su significado más allá de la superficie y revelando la sabiduría transformadora que contienen.

Una de las ideas centrales que el autor destaca es la noción de la no dualidad y la unidad con lo divino, un concepto que impregna todo el Evangelio de Tomás. A medida que nos adentramos en los dichos, descubrimos que Jesús no solo enseña acerca de la ilusión de la separación, sino que también nos invita a despertar a la realidad de nuestra conexión inseparable con Dios y con todo lo que nos rodea.

El autor nos muestra cómo el Evangelio de Tomás desafía nuestra comprensión convencional del Reino de Dios, presentándolo no como un lugar o un estado futuro, sino como una realidad presente que reside tanto dentro como fuera de nosotros. A través de una exploración minuciosa de los dichos, el autor revela cómo Jesús nos insta a buscar y encontrar esa chispa divina que habita en nuestro interior, y a reconocer nuestra verdadera identidad como hijos del Padre Viviente.

Además, el libro aborda temas como la naturaleza del ego, la transformación espiritual, la sabiduría innata de la infancia y la importancia de la búsqueda y el descubrimiento de la verdad. El autor nos desafía a cuestionar nuestras creencias y percepciones limitadas, invitándonos a hacernos a una visión más amplia y trascendente de la realidad.

Uno de los aspectos más destacados de este libro es la forma en que el autor entrelaza los dichos del Evangelio de Tomás con otras fuentes de sabiduría, como los escritos de Platón, los místicos espirituales y la física cuántica. Esta perspectiva interdisciplinaria enriquece nuestra comprensión y nos permite ver las enseñanzas de Jesús bajo una luz nueva y reveladora.

En resumen, este libro ofrece una exploración profunda y transformadora del Evangelio de Tomás, que invita al lector a embarcarse en un viaje de autodescubrimiento y despertar espiritual. A través de sus páginas, el autor Pluma Arcana nos guía hacia una comprensión más profunda de nuestra verdadera naturaleza y nos desafía a abrazar la realidad de nuestra unidad con lo divino. Si estás buscando una perspectiva fresca y reveladora sobre las enseñanzas de Jesús, este libro es una lectura obligada.

Cynthia de Salvador Freixedo

Sobre El Evangelio de Tomás

Singularidades

El Evangelio de Tomás se distingue de los demás al no incluir relatos sobre la vida de Jesús. No hay narración de su nacimiento, detalles de sus primeros años, ni información sobre dónde nació o creció. Tampoco se mencionan sus milagros, crucifixión, resurrección o ascensión. Este documento consiste simplemente en una recopilación de los dichos de Jesús, la mitad de los cuales ya aparecen en los cuatro Evangelios del Nuevo Testamento.

Otra particularidad del Evangelio de Tomás es que estos dichos no parecen seguir un orden o flujo intencional que los conecte. Cada frase no guarda una relación evidente con la anterior o la siguiente. Está escrito como si alguien hubiera anotado las palabras de Jesús en un trozo de papel, posiblemente con la intención de estudiarlas o reflexionar sobre ellas en el futuro. Por lo tanto, en un sentido estricto, el Evangelio de Tomás no es realmente un "Evangelio". Al menos, no en comparación con otros Evangelios donde la narrativa, los relatos de milagros y las doctrinas teológicas se combinan para presentar una imagen determinada de Jesús como Hijo de Dios.

Además, Tomás tampoco es un texto verdaderamente "gnóstico" por estas mismas razones. No desarrolla ningún argumento teológico en particular, al menos ninguno que se alinee con la mayoría de las enseñanzas gnósticas presentes en otros textos gnósticos.

Primera traducción

Tras el descubrimiento del manuscrito completo del Evangelio de Tomás en 1945, fue necesario esperar hasta 1959 para que el texto se tradujera del copto egipcio al inglés. Sin embargo, no se publicó para el público en general hasta 1977, cuando James M. Robinson editó la primera colección íntegra de los textos de Nag Hammadi en inglés. Fue entonces cuando realmente comenzó el entusiasmo.

Es crucial señalar que, mientras los Evangelios y las epístolas del Nuevo Testamento han sido objeto de comentarios y estudios durante casi dos milenios, las investigaciones sobre el Evangelio de Tomás no iniciaron hasta mediados de los años 70. Esto implica que nuestra comprensión de estos dichos aún está en sus inicios. Aún quedan muchos aspectos por comprender plenamente sobre los dichos de Jesús en Tomás en comparación con otros relatos evangélicos.

Cuanto más descubrimos acerca de estos dichos y cómo interpretarlos, más se revela el significado perdido de lo que

Jesús expresaba en este Evangelio. Pero, antes de adentrarnos en su significado, exploremos algunos detalles adicionales sobre cuándo es probable que se escribieran estos dichos y la relevancia de su relación con los otros Evangelios canónicos.

Reflexiones

A continuación, se presentan algunas reflexiones sobre Tomás. En primer lugar, varios eruditos, como Stephen J. Patterson, Helmut Koester y Stevan Davies, han sugerido que el Evangelio de Tomás podría ser anterior a los cuatro Evangelios canónicos, o al menos podría haberse compuesto en el mismo período en que se escribieron Marcos, Mateo y Lucas.

Este hecho es significativo porque, de ser cierto, el Evangelio de Tomás podría estar relacionado con el legendario documento Q que numerosos estudiosos del Nuevo Testamento han buscado, o al menos con un ejemplo de un tipo de documento Q que debió circular a principios del siglo I o finales del II.

Si no está claro lo que se entiende por un "documento Q", se trata de una colección teórica de los dichos de Jesús que muchos estudiosos de la Biblia consideran que los primeros escritores de los Evangelios debieron haber utilizado, ya que muchos de los dichos de Jesús que aparecen en Mateo y Lucas son casi idénticos. Esto sugiere que esos escritores tuvieron acceso a la misma colección de citas para utilizarlas al redactar sus respectivos evangelios. Más adelante se profundizará en este tema.

Primeras impresiones del Evangelio de Tomás

Impulsado por la curiosidad, leí por primera vez el Evangelio de Tomás hace varios años. Para ser honesto, mi primera reacción fue que me parecía una colección de supuestos dichos de Jesús sin sentido ni valor.

De hecho, me dieron la impresión de ser las divagaciones pretenciosas de alguien que intentaba, sin éxito, parecer místico y sabio, inventando proverbios tontos sin conexión con la realidad. La mitad de los dichos estaban "tomados prestados" de Mateo, Marcos y Lucas. La otra mitad parecía un galimatías sin sentido. Dejé mi copia a un lado y la descarté como un fraude evidente.

Sin embargo, unos años más tarde, alguien me envió un libro que afirmaba explicar el Evangelio de Tomás. Estaba a punto de tomar un vuelo y decidí meter mi nuevo libro en el equipaje de mano para tener algo interesante que leer durante el viaje. Sinceramente, si no hubiera sido por ese libro, lo más probable es que nunca hubiera vuelto a pensar en Tomás.

Este libro me proporcionó la clave para descifrar los misterios de los dichos de Jesús en Tomás y darles sentido. De hecho, el libro titulado El Evangelio oculto de Tomás de William G. Duffy, aportó la llave para desentrañar el significado de esos dichos. Duffy explicó el Evangelio de Tomás de una manera que cautivó mi imaginación y unió los puntos relativos al misterio de dónde pudo originarse la evolución del desarrollo cristológico en la Iglesia cristiana primitiva.

Aunque gran parte de lo que se tratará en los próximos capítulos se ha basado en algunas de las ideas que descubrí en el libro de Duffy, es importante señalar que este libro no será un trabajo de copiar y pegar. Con frecuencia haré referencia al excelente trabajo de Duffy sobre este tema, pero también añadiré mis propias ideas. En algunos casos, compartiré mis desacuerdos con algunas de las conclusiones de Duffy sobre el texto. Además, incluiré pensamientos e ideas de otras fuentes según corresponda. Por ejemplo, se han añadido comentarios de estudiosos que van desde F.F. Bruce y Elaine Pagels hasta Marcus Borg y John Dominic Crossan. En este libro también se encontrarán conceptos adicionales derivados del ámbito de la física cuántica, la psicología junguiana, los escritos espirituales del chamán nativo americano Alce Negro y místicos espirituales como Khalil Gibran, Rumi, Richard Rohr y muchos otros.

El libro de Duffy resulta muy útil para descifrar el texto y desentrañar el significado más profundo de las palabras. Porque, como se ha mencionado antes, adentrarse directamente en el Evangelio de Tomás sin un marco que sirva de guía suele llevar al lector a pensar que es incomprensible. Aquí es donde se reconoce una enorme deuda de gratitud hacia Duffy. Sin su perspicacia, es seguro que estos dichos seguirían irritando, confundiendo y dejando perplejo al lector. Para el autor, Duffy ha salvado el Evangelio de Tomás de ser arrojado de nuevo al montón de basura donde fue encontrado inicialmente.

Al recorrer juntos el Evangelio de Tomás, se espera que se empiece a apreciar la sabiduría de estos dichos y quizá incluso se descubran otros hilos por los que tirar en el camino.

Antes de continuar, se debe advertir, estimado lector, que el Jesús que se encuentra en este Evangelio puede no parecerse perfectamente al que se ha llegado a conocer y amar a través de los Evangelios del Nuevo Testamento.

Sí, el Jesús que aparece en Tomás tiene un mensaje importante y ofrece una perspectiva sobre cuestiones como el Reino de Dios y cómo deben vivirse las vidas, pero estos escritos no siempre se correlacionan perfectamente con lo que se puede suponer que dijo el Jesús de Mateo, Marcos, Lucas o Juan.

¿Significa eso que estos Evangelios no hablan del mismo Jesús? ¿Quién puede afirmarlo? Si Tomás, por ejemplo, era un tipo de documento Q utilizado por los demás escritores de los Evangelios canónicos, es muy posible que esos escritores tomaran esos dichos —o al menos algunos de ellos— y los recontextualizaran en una narración teológica que encajara en sus propios sistemas de creencias preconcebidas.

En otras palabras, es totalmente factible, aunque no está probado, que estos dichos de Tomás sean los verdaderos dichos del Jesús real, pero documentados sin el marco narrativo y teológico al que estamos acostumbrados a leer. De ser así, el significado de esos dichos podría haberse malinterpretado, perdido o incluso modificado.

También es posible que el Jesús que se encuentra en el Evangelio de Tomás sea completamente diferente. Una vez más, sin embargo, se deja al lector decidir por sí mismo cuál de estos podría ser el "verdadero" Jesús y cuál no. No le corresponde al autor decidirlo. En su lugar, haré todo lo posible por compartir mi interpretación de estos dichos de

Jesús que se encuentran en el Evangelio de Tomás y, utilizando el código proporcionado por Duffy, la erudición de otros teólogos y mi propia interpretación, intentaré arrojar una luz más brillante sobre lo que podría ser de valor hoy en día.

Descifrando su código

Al tratar de desentrañar la sabiduría oculta de Jesús en el Evangelio de Tomás, la afirmación de Duffy es muy sencilla: Jesús hablaba de la no dualidad. Y eso es todo. Por simple que parezca este resumen, una vez que se empieza a leer estos dichos a través del filtro de la no dualidad y la Unidad de todas las cosas, se puede notar un tema sorprendente y profundo. Este tema probablemente hará que se tome el Evangelio de Tomás mucho más en serio, al menos eso es lo que sucedió con el autor.

Por ejemplo, aquí hay una muestra de cómo la perspectiva de Duffy permite entender uno de los dichos más crípticos de Jesús en el Evangelio de Tomás:

Jesús dijo: "Bienaventurado el león que se convierte en hombre cuando es consumido por el hombre; y maldito el hombre a quien consume el león, y el hombre se convierte en león."

Si el lector es como el autor, es probable que refranes como este provoquen risa, el deseo de tirar el libro contra la pared, o ambas cosas. Pero al releer este dicho a través del filtro de la no dualidad de Duffy, se descubren algunas verdades asombrosas escondidas en lo más profundo de este proverbio.

En primer lugar, tanto el "hombre" como el "león" no deben interpretarse literalmente. Aquí, el "hombre" se refiere al verdadero hombre dentro de cada uno; el verdadero Yo, si se prefiere. En segundo lugar, el "león" es una metáfora del falso yo; el Ego, tal y como se conoce hoy en día. El León del Ego lucha por tener el control, devora a sus enemigos y acepta la falsa noción de un universo de "Nosotros y Ellos". El Hombre, el Verdadero Yo, reconoce la ilusión de la dualidad y sabe que la Verdad se encuentra al darse cuenta de que no se está separado, sino que se es uno con la Fuente y, por tanto, con todas las cosas.

En resumen, en este dicho Jesús está diciendo que cuando el Ego, impulsado por el miedo, es "consumido", queda subyugado por el pacífico, libre e inocente "Yo Verdadero". El Verdadero Yo puede entonces realizar su propia Unidad con todo y todos.

Ahora, prácticamente se puede oír al lector diciendo: "¡Oh, vamos! ¿En serio? ¿Cómo se ha sacado todo eso de un proverbio tan simple sobre un hombre consumiendo a un león?".

Esta es la parte buena. En la República de Platón, la mente está representada por tres metáforas: El Hombre, el León y la Quimera (o la bestia de muchas cabezas). Como explica Platón, el León y la Bestia de Muchas Cabezas son metáforas de la naturaleza inferior de la humanidad, y el Hombre es una metáfora del yo superior.

¿Y qué? se preguntará el lector. ¿Qué tiene que ver Platón con Tomás? Bueno, si se recuerda, se mencionó anteriormente que una copia fragmentada de la República de Platón fue encontrada en la misma colección de Nag Hammadi que el Evangelio de Tomás en 1945. Ahora adivine qué sección de la República de Platón fue hallada junto al Evangelio de Tomás. Sí, en efecto, fue esta misma sección la que explica la metáfora del León, el Hombre y la Bestia de Muchas Cabezas. Es casi como si quienquiera que escondiera Tomás y los otros textos en Nag Hammadi se hubiera asegurado de incluir esta sección específica sobre el León y el Hombre de la República de Platón, para que quien la encontrara tuviera la llave necesaria para descifrar el significado de esos dichos de Jesús de Tomás.

Aunque solo sea por eso, la inclusión de ambos documentos/manuscritos demuestra que aquellos cristianos de Nag Hammadi que estudiaban y veneraban estos textos también entendían que las enseñanzas de Platón sobre estas cuestiones eran un valioso recurso para desentrañar el significado oculto en las enseñanzas de Jesús.

Dos Caras de un Mismo Evangelio

Otro aspecto importante del Evangelio de Tomás que hay que explorar es que existen dos versiones principales del texto, las cuales difieren significativamente entre sí.

A continuación, el historiador y académico David Brakke explica estas diferencias:

"Tomás fue sin duda compuesto originalmente en griego, pero del texto griego solo sobreviven tres fragmentos (junto con dos citas en 'La refutación de todas las herejías'). El texto de la traducción copta encontrada en Nag Hammadi contiene el texto completo. Hay diferencias entre los textos griego y copto en los puntos donde se solapan. Eso es de esperar en cualquier traducción, pero las diferencias son lo suficientemente grandes como para dejar claro que el texto fue revisado en algún momento por alguna(s) persona(s) desconocida(s). Los fragmentos griegos son unos 150 años más antiguos que el manuscrito copto, pero eso no significa necesariamente que la versión o versiones griegas atestiguadas por los fragmentos griegos se compusieran mucho antes que la versión griega que traduce el texto copto (o incluso que sean anteriores)".

"Tal revisión de los textos evangélicos no era inusual en el cristianismo antiguo. Mateo y Lucas revisaron Marcos de forma bastante radical. Y los textos griegos de los cuatro evangelios canónicos muestran indicios de pequeñas revisiones (por ejemplo, existen tres finales diferentes de Marcos)".

"Eran textos vivos, y en la Antigüedad no siempre se consideraba que un escrito fuera inviolable y no pudiera cambiarse".

Esto significa que, en ocasiones, es necesario examinar más de una versión de un dicho concreto de Tomás. Al comenzar a analizar los dichos uno por uno, se observará que los eruditos a veces prefieren una versión sobre otra y, en ocasiones, intentan conciliar dos versiones del mismo dicho para dar más sentido a lo que creen que Jesús intentaba comunicar a sus discípulos.

Las enseñanzas secretas de Jesús

Una de las principales objeciones a los llamados "Evangelios gnósticos" es la afirmación de que contienen las enseñanzas secretas de Jesús que no se registraron en los Evangelios del Nuevo Testamento. Muchos teólogos y apologistas cristianos rechazan enérgicamente la veracidad de cualquier idea que se encuentre fuera de las letras rojas de Mateo, Marcos, Lucas o Juan.

Pero, curiosamente, esos mismos Evangelios afirman la noción de que Jesús realmente tenía enseñanzas secretas que revelaba en privado solo a sus discípulos. Por ejemplo, en el primer Evangelio de Marcos, se lee:

"Pero sin parábola no les hablaba (al pueblo). Y cuando estaban solos, explicaba todas las cosas a sus discípulos". (Marcos 4:34)

Esto confirma la idea de que Jesús transmitía un conjunto de enseñanzas generales a la multitud a través de historias y parábolas inexplicables, y otro conjunto de enseñanzas más profundas reservadas solo a sus alumnos más cercanos. En el Evangelio de Mateo se lee un pasaje similar que también apoya esta idea de que Jesús comunicaba sus enseñanzas más profundas únicamente a los discípulos y lo hacía en privado:

"Se acercaron los discípulos y le dijeron: '¿Por qué hablas a la gente en parábolas?' Él les respondió: 'Porque a vosotros se os ha concedido conocer los misterios del reino de los cielos, pero a ellos no'". (Mateo 13:10-11)

"Jesús hablaba todas estas cosas a la multitud en parábolas; no les decía nada sin utilizar una parábola. Así se cumplió lo que fue dicho por medio del profeta: 'Abriré mi boca en parábolas, diré cosas ocultas desde la creación del mundo'". (Mateo 13:34-35, énfasis mío).

Así pues, una vez más, Jesús afirma que sus discípulos recibieron el mensaje oculto del Reino, mientras que todos los demás tuvieron que luchar con el misterio inexplicado de sus parábolas. Aunque algunas de esas parábolas no se explican en los propios Evangelios, solo una de las parábolas de Jesús se explica por completo: la parábola de la semilla y el sembrador, en Mateo 13:36-51. Todas las demás han quedado sin explicación y abiertas a diversas interpretaciones. Además, la mayoría de las enseñanzas de Jesús que se leen en los Evangelios del Nuevo Testamento provienen de sus enseñanzas públicas, no de esas conversaciones privadas entre Jesús y los discípulos. Además, el Evangelio de Juan también afirma que todo lo que Jesús quiere comunicar a sus discípulos no se encuentra en los Evangelios:

"Tengo muchas cosas más que deciros, pero ahora no las podéis soportar. Pero cuando venga el Espíritu de la verdad, él os guiará a toda la verdad; porque no hablará por su cuenta, sino que hablará todo lo que oiga, y os hará saber lo que ha de venir". (Juan 16:12-13)

Así que, guste o no, todos los Evangelios parecen afirmar la noción de que Jesús sí enseñó un mensaje a la multitud, mientras que otro mensaje oculto del Evangelio estaba reservado para sus discípulos más cercanos. También está claro que la historia completa no se encuentra en el Nuevo Testamento. Sin embargo, como se afirma en varias ocasiones, la revelación completa sería dada a aquellos que buscan continuamente el Espíritu de la Verdad para sí mismos.

Por supuesto, todo esto pone nerviosos a muchos cristianos, especialmente a aquellos que realmente quieren aferrarse a la noción de que todo lo que se necesita saber está en la Biblia y que la única manera de conocer algo acerca de

Jesús es a través de las Escrituras. Cuando las propias Escrituras contradicen esa noción, puede ser especialmente preocupante e incómodo.

El apóstol Pablo también hablaba de tener una enseñanza secreta que solo compartía con aquellos que estaban preparados para recibirla:

"Y yo, hermanos, no pude hablaros como a espirituales, sino como a carnales, como a niños en Cristo. Os he alimentado con leche, y no con comida; porque hasta ahora no podíais soportarla, ni ahora podéis. Porque aún sois carnales; pues habiendo entre vosotros celos, contiendas y disensiones, ¿no sois carnales y andáis como hombres?". (1 Corintios 3:1-3, énfasis mío).

"Que se nos tenga por ministros de Cristo y administradores de los secretos de Dios". (1 Corintios 4:1, énfasis mío).

"...y orad por mí, para que me sea dada palabra en la apertura de mi boca, a fin de dar a conocer con denuedo el misterio (secreto) del evangelio...". (Efesios 6:19, énfasis mío).

"Ahora bien, a Aquel que es poderoso para confirmaros según mi evangelio y la predicación de Jesucristo, según la revelación del secreto que se ha mantenido oculto durante largos siglos, pero que ahora se ha manifestado, y por las Escrituras de los profetas, según el mandamiento del Dios eterno, se ha dado a conocer a todas las naciones, conduciendo a la obediencia de la fe; al único Dios sabio, por Jesucristo, sea la gloria por los siglos. Amén". (Romanos 16:25, el subrayado es mío).

En realidad, no era inusual que los maestros y rabinos del primer siglo presentaran tanto una enseñanza pública para las masas como un conjunto de enseñanzas privadas para sus discípulos más cercanos. Por consiguiente, tanto Jesús como Pablo eran coherentes con esta práctica, compartiendo las verdades más profundas únicamente con un puñado de seguidores que habían demostrado estar preparados para recibir esa enseñanza.

Así pues, lo que se observa en el Evangelio de Tomás está completamente en sintonía con el tipo de enseñanzas secretas que alguien del círculo íntimo habría registrado en forma de dichos que más tarde podrían recordarse y estudiarse.

Esta es también la razón por la que el Evangelio de Tomás no contiene referencias a la vida de Jesús ni a los acontecimientos que rodearon su ministerio, ni detalles sobre sus viajes. Nada de esto es relevante para el discípulo de Jesús. Solo se ocupa de registrar los dichos que Jesús pronunció en aquellos momentos privados en los que se hablaba de enseñanzas más profundas a los alumnos que estaban preparados para recibirlas.

Evidencias de la antigüedad de Tomás

Como se ha mencionado previamente, algunos estudiosos sostienen que el Evangelio de Tomás podría ser anterior incluso a los evangelios neotestamentarios de Marcos, Mateo y Lucas. Una de las razones que respalda esta opinión es que tanto el Evangelio de Tomás como el documento Q son ejemplos de recopilaciones de dichos de Jesús destinadas a aquellos que deseaban ser sus discípulos. Este aspecto por sí solo distingue a Tomás y a Q de la literatura cristiana posterior, que intentó construir una narrativa histórica en torno a dichos recogidos para proporcionar mayor contexto y significado. Este desarrollo posterior es cuando observamos una teología más sistemática en la fe cristiana, formulando doctrinas basadas en los temas narrativos desarrollados alrededor de dichos específicos. Sin embargo, quienes tomaron estos dichos y construyeron la narrativa no necesariamente formaban parte del círculo íntimo de Jesús cuando se registraron dichos. Por lo tanto, no podemos asumir que estos transcriptores comprendieran plenamente el contexto apropiado de los dichos. Abordaremos este tema más adelante.

Pruebas de un Tomás Primitivo

Existen varios indicios que sugieren que el Evangelio de Tomás pertenece al mismo grupo de escritos sinópticos de los primeros cristianos. Uno de ellos es la total ausencia de interés por la escatología apocalíptica, un tema que se desarrolló mucho más tarde en la teología cristiana. Además, no se ocupa de registrar los eventos de la crucifixión o la resurrección, aspectos que posteriormente se volvieron esenciales para la doctrina cristiana. Incluso los textos gnósticos del siglo II presentaban un contenido teológico considerablemente mayor que el que se encuentra en el Evangelio de Tomás o en el hipotético documento Q.

Si estos eruditos tienen razón al teorizar que el Evangelio de Tomás es anterior a Marcos, Mateo y Lucas (y, por supuesto, al Evangelio de Juan, el más reciente de todos), surgen algunas cuestiones a considerar. En primer lugar, se podría afirmar que esta colección de dichos del Evangelio de Tomás podría ofrecer una transcripción precisa de las enseñanzas reales de Jesús, o al menos tan precisa como cualquier cosa que se encuentre en los otros evangelios del Nuevo Testamento. ¿Por qué? Simplemente porque la mitad de los dichos de Tomás también se encuentran en Marcos, Mateo y Lucas. Por lo tanto, Tomás no copió sus dichos de Jesús de ellos. En todo caso, esos otros escritores de evangelios posteriores deben haber copiado dichos de Jesús de Tomás, o al menos de otro texto de dichos similar al documento Q fechado aproximadamente en la misma época.

Esto implica que esos otros dichos de Jesús que se encuentran en el Evangelio de Tomás son igualmente auténticos. Si es así, surgen algunas preguntas, como: "¿Por qué esos otros escritores de evangelios no incorporaron todos los dichos de Jesús encontrados en Tomás? ¿Por qué solo eligieron la mitad, dejando fuera los demás?". También cabe preguntarse: "¿Y si esos otros escritores copiaron los dichos de Jesús de Tomás sin comprender plenamente el contexto y/o el significado de lo que Jesús intentaba comunicar?"

Esa es la gran interrogante. Es inevitable preguntarse si Marcos, Mateo y Lucas no construyeron una narrativa en torno a la mitad de los dichos de Jesús para contar su propia versión de la historia, sin reconocer plenamente lo que Jesús pudo haber estado tratando de decir en realidad. Tal vez el significado original de algunos de estos dichos quedó inadvertidamente oscurecido al colocarlos en un determinado marco narrativo, desplazando el significado hacia una dirección más literal y menos esotérica.

Por supuesto, esto es especulativo. No existen muchas pruebas sólidas al tratar de determinar qué escritos aparecieron primero, quién copió qué y qué significado pudo haber sido alterado por los autores de estos evangelios. Si se asume que los dichos de Jesús recogidos en Tomás fueron los primeros en aparecer, y si se cree que autores posteriores aplicaron esos dichos de manera que desdibujaron el significado de esas enseñanzas, se llegan a ciertas conclusiones sobre estos asuntos. Pero, si se parte de la suposición de que Tomás vino después, se concluirá que algunos dichos nuevos fueron añadidos a todos los demás. Si eso es cierto, surgen más preguntas para reflexionar.

Por ejemplo, ¿por qué alguien añadiría nuevos dichos a una lista de enseñanzas de Jesús sin explicarlos? En otras palabras, si el objetivo del Evangelio de Tomás era sugerir una versión diferente de los evangelios que se encuentran en los textos sinópticos, ¿por qué estos escritores no fueron hasta el final para proporcionar realmente una contranarrativa, desafiando a esos otros evangelios? ¿No frustraría su supuesto propósito omitir detalles tan importantes? Otros escritos gnósticos sí sugieren una narrativa alternativa, como los evangelios de Judas o Felipe, o incluso el evangelio de María, pero Tomás no lo hace. En cambio, el Evangelio de Tomás simplemente presenta una larga lista de dichos de Jesús sin instrucción, doctrina o aclaración. Deja al lector con una colección de sabiduría sin contexto, instrucción o marco teológico. Esto por sí solo sugiere que el Evangelio de Tomás es, de hecho, un ejemplo de una colección anterior, presinóptica, de los dichos de Jesús, escrita sin ningún deseo de desacreditar las enseñanzas de Jesús en Marcos, Mateo o Lucas, porque, si esto es correcto, entonces esos evangelios aún no existían. En otras palabras, el autor del Evangelio de

Tomás no sintió la necesidad de corregir ninguna versión contradictoria de las enseñanzas de Jesús porque, en el momento en que fue compilado, no había otros evangelios con los que comparar.

Así pues, si se acepta esta suposición de que Tomás fue compilado únicamente como una recopilación de los dichos de Jesús, y si esta recopilación contiene enseñanzas adicionales que no se encuentran en los evangelios posteriores, y si estos dichos intentan comunicar algo más profundo y hondo de lo que entendieron los demás autores de los evangelios, entonces es necesario indagar un poco más, ¿no es así?

Afortunadamente, todas estas suposiciones se basan en algo más que meras conjeturas. Como ya se ha mencionado, existe cierta conexión entre algunos de los dichos de Tomás y los escritos de Platón que arrojan algo de luz sobre el posible significado de estos dichos de Jesús.

Al menos por ahora, vale la pena suspender un poco la incredulidad y aprovechar esta oportunidad para explorar la idea de que el Evangelio de Tomás podría contener alguna sabiduría oculta enseñada por Jesús, sabiduría que podría ayudar a comprender mejor quién es Dios, quiénes somos nosotros y cuál es nuestro lugar en el universo.

Como ya se ha concluido, el código esencial de todo en el Evangelio de Tomás parece apuntar a la ilusión de separación y a la Unidad de todas las cosas con lo Divino. Si se acepta esta hipótesis, todo lo demás debería encajar a medida que se avanza en la exploración de esta obra.

Descifrando los Enigmas de Jesús

Antes de sumergirse en los dichos reales de Jesús que se encuentran en el Evangelio de Tomás, es importante establecer algunos aspectos clave de este evangelio. De lo contrario, se podría malinterpretar el origen de los dichos y hacer suposiciones falsas sobre ciertas frases y palabras que aparecen con frecuencia en el texto.

Lo primero que debe entenderse es que las palabras "secreto" y "oculto" en este evangelio no se refieren necesariamente a enseñanzas y sabiduría a las que solo unos pocos tienen acceso. Estas palabras no pretenden sugerir que solo unos selectos (o "elegidos") son más dignos de una revelación especial. Más bien, "secreto" y "oculto" se refieren a verdades escondidas dentro de todos y en todas partes; verdades que es necesario buscar y descubrir por uno mismo para esperar ver la realidad—Dios, el Universo y la humanidad—con nuevos ojos.

Considérelo de esta manera: Todo el mundo tiene un hígado, pero si nadie enseñara nunca lo que es un hígado, no se tendría ni idea de que uno mismo—y todos los demás—llevan uno dentro. El Reino de Dios es así, según el Evangelio de Tomás. Todos tienen el mismo Reino de Dios dentro; está oculto mientras no se sea consciente de ello. Pero, una vez que se da cuenta de que esto es verdad, ahora se es capaz de ver y vivir en ese Reino en el aquí y ahora.

Así que, la realidad del Reino de Dios como "oculto" no significa que sea "secreto". Al menos, no en el sentido de que alguien intente ocultar esta verdad. En todo caso, es una verdad esencial que todo el mundo necesita reconocer por sí mismo. Sí, Jesús reservó esta enseñanza solo para algunos de sus discípulos en lugar de compartirla con todo el mundo, pero esto fue solo porque quería asegurarse de que quienes recibieran la enseñanza estuvieran preparados para ella. Por eso, muchos de los dichos de Jesús en el Evangelio de Tomás están escritos como si fueran un código críptico que hay que desentrañar. Cuando se pronuncian estos enigmas o se leen en el texto, la mente no puede evitar intentar darles sentido. Solo quienes están verdaderamente hambrientos y sedientos del Reino lucharán con ellos hasta descubrir su significado.

Otra razón por la que se puede decir que esta verdad está "oculta" es porque el Reino de Dios está oculto en la propia mente. Por eso, la única manera de descubrirlo es buscarlo dentro de uno mismo. Los dichos de Jesús en Tomás obligan a elaborar estas cosas en la mente, donde ya está la verdad.

Como ya se ha establecido, la rúbrica de casi todos los dichos de Tomás se basa en un marco no dualista: No hay "Nosotros" y "Ellos". Solo hay "Nosotros". Todo está en Cristo y Cristo está en todas las cosas y en todas las personas. No hay separación de Dios ni entre los individuos. Todos son uno en Cristo Jesús. Por eso, siempre que se aplique esta realidad a lo que se lee en el Evangelio de Tomás, se encontrará la clave para entender su significado.

Esta perspectiva hace que la idea de un círculo interno resulte bastante irónica. Decir que se es miembro de un grupo selecto de personas que se reúnen para hablar de que no hay "aquí dentro" ni "ahí fuera" desafía la noción misma de Unidad y no dualidad. Este círculo interior, entonces, se convierte en el lugar donde se da cuenta de que solo hay un círculo. Todos están dentro de él porque no hay nada fuera. La unidad con Cristo borra toda forma de separación.

Por tanto, las palabras "oculto" o "secreto" deben entenderse como referencias a la verdad de que todos son uno en Cristo y con Cristo. A esta verdad se alude a menudo en parábolas y alegorías en las que Jesús la compara con un tesoro escondido en un campo, o una pizca de levadura oculta en un terrón de masa, etc. Lo que está oculto es la verdad de que todos son uno. Esta verdad está oculta en las mentes. Al hablar en estos términos, Jesús señala una respuesta que está lista para ser encontrada en el interior. Solo hay que buscarla, encontrarla y aceptarla.

Contrariamente a lo que se ha dicho casi toda la vida como cristianos evangélicos, esto significa que la Verdad no está "ahí fuera", en algún lugar más allá del individuo. Está—y siempre ha estado—"aquí dentro".

En otras palabras, la Verdad no es algo que se tenga que buscar en un libro, un predicador, un gurú o una conferencia. La Verdad no es algo externo al ser. No es algo que se tenga que ir a buscar. Por el contrario, la Verdad está dentro de cada uno. Si se busca la Verdad, solo se tiene que mirar en el interior. Ahí es donde siempre ha estado la Verdad, y ahí es donde siempre permanecerá.

Pablo: La clave para entender a Tomás

Mientras se escribía este libro, se llegó a una sorprendente conclusión sobre algunas cosas que el apóstol Pablo menciona en una de sus primeras epístolas a la Iglesia en relación con la no dualidad y la Unidad. Es importante tener en cuenta que, antes de que se escribieran los cuatro evangelios canónicos, el apóstol Pablo escribía cartas a varias iglesias para animarlas en su fe. Hasta donde se sabe, una de las primeras epístolas es la carta de Pablo a los Gálatas. En esa carta, Pablo anima a los creyentes a recordar algo profundo cada vez que se reúnen. Dice:

"Porque todos los que habéis sido bautizados en Cristo os habéis revestido de Cristo. Ya no hay judío ni griego, ni esclavo ni libre, ni hombre ni mujer; porque todos vosotros sois uno en Cristo Jesús". (Gal. 3:27-28)

Teniendo en cuenta que, hasta ese momento, no se había escrito ninguno de los evangelios, esta afirmación proporciona una idea clave de lo que significa estar "en Cristo"; a saber, que "todos son uno en Cristo".

Si en la época en que se escribió esta carta circulaban por los círculos cristianos los dichos del Evangelio de Tomás (o algo parecido), la afirmación de Pablo de que todos son "uno en Cristo" proporciona la clave necesaria para descifrar el significado de esos dichos.

¿Por qué? Porque, por sí mismos, los dichos de Jesús en el Evangelio de Tomás vienen sin ninguna explicación de las verdades que hay detrás de ellos. Sin una comprensión de su propósito, estos dichos se presentan como un galimatías sin sentido sobre el interior que está fuera, el hombre que consume al león, y todo tipo de lenguaje metafórico y altamente simbólico que parece apuntar exactamente a ninguna parte.

A menos que se aprenda que de lo que Jesús está hablando en cada uno de estos dichos es que la separación de Dios y de los demás es una ilusión y que todos, en todas partes, están eternamente entrelazados con Cristo. Una vez que se comprende de qué está hablando Jesús, esos dichos antes confusos de repente se iluminan, estallando con profundo significado.

Ahora, imagine que vive en el siglo I y tiene una copia del Evangelio de Tomás. Este documento es precioso porque contiene los dichos de Jesús de Nazaret. Pero, para la mayoría de las personas, muchos de esos dichos están más allá de su comprensión. No se puede entender lo que Jesús está tratando de comunicar. Entonces, de alguna manera, se encuentra con una copia de una carta del apóstol Pablo a la Iglesia de Galacia. Se lee esta sorprendente afirmación de que todos son "uno en Cristo Jesús" y, de repente, las palabras de Tomás empiezan a tener mucho más sentido. La separación es una mentira. El dualismo es una ilusión. Todos son uno en Cristo, y los símbolos externos de separación—raza, religión, sexo, situación económica—se disuelven en la realidad de la unidad compartida en Cristo.

Por eso, este primer escrito cristiano—redactado casi una década antes que cualquiera de los otros evangelios—adquiere importancia para quienes buscan comprender el significado de las enseñanzas de Jesús que se encuentran en Tomás. Porque, por lo que se sabe, es la primera vez que alguien sugiere que Cristo es la realidad última, una realidad que borra la ilusión de separación entre Dios y la humanidad, y entre los individuos.

Para comprender mejor la cronología del Nuevo Testamento, veamos qué dice el autor y estudioso del Nuevo Testamento Marcus Borg sobre la cronología probable de la escritura de cada libro:

"Un Nuevo Testamento cronológico ordena los documentos de forma muy diferente. Su orden se basa en la doctrina bíblica contemporánea. Aunque hay dudas sobre la datación de algunos de los documentos, existe un consenso académico sobre el marco básico.

Comienza con siete cartas atribuidas a Pablo, todas de los años 50 d.C.:

1. Tesalonicenses

2. Gálatas

3. 1 Corintios

4. Filemón

5. Filipenses

6. 2 Corintios

7. Romanos

El primer evangelio es Marcos (no Mateo), escrito hacia el año 70 d.C. El Apocalipsis no es el último, sino que está casi en el medio, escrito en los años 90. Doce documentos siguen a Apocalipsis, siendo II Pedro el último, escrito tan tarde como cerca de la mitad del siglo II (y con toda seguridad no escrito por el verdadero apóstol Pedro).

Un Nuevo Testamento cronológico no solo tiene que ver con la secuencia, sino también con el contexto cronológico: el contexto en el tiempo, el contexto histórico en el que se escribió cada documento. Las palabras tienen su significado dentro de sus contextos temporales, en el Nuevo Testamento y en la Biblia en su conjunto.

Ver y leer el Nuevo Testamento en secuencia cronológica es importante por razones históricas. Ilumina los orígenes cristianos. Muchas cosas resultan evidentes:

- Empezar con siete de las cartas de Pablo ilustra que había comunidades cristianas vibrantes repartidas por todo el Imperio Romano antes de que hubiera evangelios escritos. Sus cartas ofrecen una "ventana" a la vida de las primeras comunidades cristianas.
- Colocar los evangelios después de Pablo deja claro que, como documentos escritos, no son la fuente del cristianismo primitivo, sino su producto.
- Los evangelios—las buenas noticias sobre Jesús—existían antes que los evangelios. Son el producto de las primeras comunidades cristianas, varias décadas después de la vida histórica de Jesús, y nos dicen cómo esas comunidades vieron su importancia en su contexto histórico.
- La lectura de los evangelios en orden cronológico, empezando por Marcos, demuestra que los primeros cristianos desarrollaron una interpretación de Jesús y de su significado. Como Mateo y Lucas utilizaron a Marcos como fuente, no solo añadieron a Marcos, sino que a menudo lo modificaron.
- Ver a Juan separado de los otros evangelios y relativamente tarde en el Nuevo Testamento deja claro lo diferente que es su evangelio. En un lenguaje consistentemente metafórico y simbólico, es ante todo "testimonio" de lo que Jesús había llegado a ser en la vida y el pensamiento de la comunidad de Juan.
- Comprender que muchos de los documentos datan de finales del siglo I y principios del II permite vislumbrar la evolución del cristianismo primitivo en su tercera y cuarta generación. En general, reflejan una trayectoria que va del radicalismo de Jesús y Pablo a

una creciente acomodación a las convenciones culturales de la época."

Lo que también nos dice esta cronología del Nuevo Testamento es que el apóstol Pablo no cambió ni influyó en las percepciones sobre Jesús. Sus escritos fueron anteriores—no posteriores—a la redacción de los evangelios del Nuevo Testamento.

Así que la idea de que los evangelios dieron una noción original de Jesús que las epístolas de Pablo modificaron más tarde no es muy probable, porque esos evangelios llegaron mucho más tarde. Si, como algunos dicen, los escritos de Pablo confundieron o distrajeron a la gente de las palabras de Jesús en el Sermón de la Montaña o a través de sus parábolas, entonces ese cambio se habría hecho antes de que alguien hubiera leído esas palabras, no después.

Por tanto, cualquier influencia en la forma en que la gente entendía a Jesús se habría producido mucho antes de que se produjera cualquiera de esos evangelios. Y puesto que mucha gente afirma ver un fuerte contraste entre las enseñanzas de Pablo y al menos algunas de las enseñanzas de Jesús, cualquier influencia que Pablo pudiera haber tenido no parece haber afectado a los escritores de los evangelios.

Pero, volviendo al pensamiento original, la segunda epístola de Pablo (Gálatas) parece haber introducido una idea bastante novedosa en el marco teológico del cristianismo primitivo: que todos son uno en Cristo y que la separación de Dios y de los demás es una ilusión.

Este concepto primitivo—por fascinante y profundo que sea—parece haber sido algo que el propio Jesús ya había dicho a sus discípulos más cercanos durante su ministerio terrenal.

Se ve claramente en el Evangelio de Tomás, y también se encuentra no solo en las primeras epístolas del apóstol Pablo, sino también en el evangelio de Juan del Nuevo Testamento. En este pasaje Jesús dice:

"Aquel día os daréis cuenta de que yo estoy en mi Padre, y vosotros en mí, y yo en vosotros". (Juan 14:20)

Y en el evangelio de Mateo, donde Jesús dice:

"En verdad os digo que cuanto hicisteis a uno de estos hermanos míos más pequeños, a mí me lo hicisteis". (Mt. 25:40)

Esta cristología primitiva pasó rápidamente de Jesús como Rabí, a Mesías, a Hijo de Dios y, finalmente, a Logos preexistente que "...en el principio... estaba con Dios y era Dios" (véase Juan 1:1; Ef. 1:23). Es posible que estos conceptos se transmitieran inicialmente a través de los primeros evangelios de los dichos, como el de Tomás o el documento Q, y de boca en boca, como ocurrió con la mayor parte de la teología cristiana primitiva.

Después de la creación del Evangelio de Marcos, es probable que los siguientes libros del Nuevo Testamento fueran escritos en este orden:

1. Santiago

2. Colosenses

3. Evangelio de Mateo

4. Hebreos

5. Efesios

Indudablemente, establecer una cronología definitiva para la redacción de los documentos del Nuevo Testamento es una tarea ardua, si no imposible. Los estudiosos e historiadores han debatido interminablemente sobre qué libro fue el primero, el último o cuál se encuentra en algún punto intermedio. Para ser claros, no existe una única cronología confiable para el orden del Nuevo Testamento. Sin embargo, se puede tener una relativa certeza sobre al menos algunos libros, como cuáles de las epístolas de Pablo probablemente fueron las primeras: 1 Tesalonicenses y Gálatas, y cuáles fueron los primeros evangelios: Marcos, Lucas y Mateo, siendo Juan el más tardío.

Como se ha sugerido anteriormente, el Evangelio de Tomás es un "texto de dichos" que carece de enseñanzas doctrinales, narración de la crucifixión o resurrección, y referencias al fin de los tiempos o la segunda venida. Es altamente probable que fuera escrito mucho antes que los escritos de Pablo o cualquier otro texto apostólico.

Si el Evangelio de Tomás ya era conocido antes de la epístola de Pablo a los Gálatas, resulta cautivador observar cómo Cristo se opuso a la noción de separación entre Dios y la humanidad, y cómo esta enseñanza impregnó las primeras formas de teología cristiana.

Hay otro motivo para considerar que Tomás estaba en circulación antes de la redacción de la mayoría de los textos del Nuevo Testamento: algunos eruditos creen que el Evangelio de Juan fue escrito como respuesta al Evangelio de Tomás, lo que implica que este último debió ser anterior.

Juan y Tomás: Una comparación

Muchos que cuestionan la relevancia del Evangelio de Tomás intentan desacreditarlo argumentando que es una adición posterior a los otros Evangelios, que su autor probablemente no fue el verdadero discípulo llamado Tomás, o que contiene enseñanzas nuevas ausentes en las demás epístolas y Evangelios del Nuevo Testamento.

Sin embargo, cada uno de estos argumentos también podría aplicarse al Evangelio de Juan. Este fue escrito mucho después de los tres Evangelios sinópticos, alrededor de finales de los años 80 o principios de los 90 d.C. Es muy improbable que lo haya redactado el discípulo llamado Juan, y contiene dichos y enseñanzas de Jesús completamente nuevos que no aparecen en otros textos evangélicos. No obstante, para muchos cristianos, el Evangelio de Juan no solo es aceptado, sino que a menudo se considera su Evangelio predilecto.

Rechazar el Evangelio de Tomás por incluir nuevos dichos implicaría también rechazar el Evangelio de Juan. Descartar a Tomás por no haber sido escrito por el discípulo homónimo llevaría a desechar igualmente a Juan, así como a Efesios, Colosenses y las denominadas "epístolas pastorales" de Pablo, además de las dos epístolas atribuidas a Pedro, las cuales, con certeza, no fueron redactadas por esas figuras apostólicas.

Por lo tanto, rechazar el Evangelio de Tomás por ser un texto más tardío que los demás también resulta inviable, ya que existen múltiples evidencias que sugieren su anterioridad al Evangelio de Juan. Una razón sólida para creer que el Evangelio de Tomás precede al de Juan es que gran parte de este último parece estar escrito específicamente para responder a los dichos de Jesús en Tomás.

Por ejemplo, solo en el Evangelio de Juan se narra la historia de "Tomás el Incrédulo". Esto parece ser bastante intencional, ya que también busca desacreditar a Tomás y diferenciarlo de los demás discípulos de Jesús, sugiriendo que no estuvo presente en el aposento alto cuando Jesús se apareció a todos los demás, insuflándoles su espíritu para comisionarlos como apóstoles.

> "Al anochecer de aquel día, el primero de la semana, estando las puertas cerradas en el lugar donde los discípulos se hallaban reunidos por miedo de los judíos, vino Jesús, y puesto en medio, les dijo: «Paz a vosotros». Y dicho esto, les mostró las manos y el costado. Y los discípulos se regocijaron viendo al Señor. Entonces Jesús les dijo otra vez: «Paz a vosotros. Como me envió el Padre, así también yo os envío». Y habiendo dicho esto, sopló, y les dijo: «Recibid el Espíritu Santo. A quienes remitiereis los pecados, les son remitidos; a quienes se los retuviereis, les son retenidos». Pero Tomás, uno de los doce, llamado Dídimo, no estaba con ellos cuando Jesús vino". (Juan 20:19-24, énfasis añadido).

Al excluir a Tomás —y solo a él— de esta escena, que únicamente aparece en el Evangelio de Juan, se envía un fuerte mensaje de que Tomás no debe ser considerado un apóstol con igual autoridad o rango entre los demás. Esto resulta especialmente insultante al notar que los otros autores evangélicos solo excluyen a Judas de esta escena, mientras que el Evangelio de Juan empareja a Judas con Tomás en ese grupo.

Además, a partir de esta sección del Evangelio de Juan surge la persistente noción de "Tomás el Incrédulo", que sugiere que no tenía fe en la resurrección de Jesús y, por lo tanto, no era un verdadero creyente con fe sincera (véase Juan 20:25).

Tras ofrecer una visión general del origen de este Evangelio perdido de Tomás, es momento de adentrarse en los dichos reales de Jesús que se encuentran aquí para descubrir qué se puede aprender de ellos, si es que se puede aprender algo.

Introducción al Análisis

El Evangelio de Tomás comienza con un prólogo que dice: "Estas son las palabras ocultas que el Jesús viviente pronunció y que Dídimos Judas Tomás escribió".

Como se ha explicado anteriormente, cuando Tomás menciona que estas son las palabras ocultas, no implica que solo unos pocos elegidos puedan comprender su significado. Se refiere a dichos que revelan la Verdad que ya reside en cada uno de nosotros. Estos dichos están "ocultos" pero no son "secretos".

Tomás también enfatiza que estos dichos fueron expresados por "el Jesús viviente". Esto es significativo por varias razones. En primer lugar, porque el Nuevo Testamento a menudo atribuye dichos al Jesús resucitado, al Jesús que se levantó de entre los muertos, o incluso al Jesús que ya había ascendido al cielo y que habló como una visión que solo ciertas personas podían oír o ver.

Por ejemplo, cuando Jesús se aparece por primera vez al apóstol Pablo en el camino a Damasco, no se trata del "Jesús viviente" al que hace referencia Tomás. No es que Jesús no esté vivo en su aparición a Pablo, sino que la expresión, tal como la emplea Tomás aquí, alude a las enseñanzas que Jesús impartió antes de ser crucificado en una cruz romana. Los dichos de Jesús en el libro del Apocalipsis de Juan son otro ejemplo de dichos posteriores a la crucifixión, y Tomás busca contrastar su Evangelio con ellos.

¿Por qué es importante esta distinción? Considero que es crucial porque Tomás desea que comprendamos que está compartiendo con nosotros los dichos de Jesús que sus discípulos realmente escucharon cuando él estaba físicamente vivo en la carne, dichos pronunciados mientras caminaba, hablaba y enseñaba, viajando y predicando en Judea durante el siglo I.

En otras palabras, Tomás quiere que entendamos que no escuchó a Jesús decirle estas cosas en un sueño, ni en una visión, ni después de los hechos. Estos dichos de Tomás —al menos según el autor de este Evangelio— son las palabras que Jesús expresó cuando estaba vivo y conversaba físicamente con sus discípulos, entre los cuales se encontraba Tomás.

El propósito de incluir exclusivamente dichos del Cristo viviente es otorgar cierta autenticidad al propio texto. Podríamos parafrasear esto de la siguiente manera: "Realmente escuché a Jesús decir estas cosas con mis propios oídos y las escribí todas para que conocieras lo que dijo".

Otro aspecto digno de mención es que el prólogo mismo no parece haber sido escrito por Tomás, sino por otra persona que desea informarnos que los dichos que vamos a leer fueron recopilados por Tomás. ¿Por qué deberíamos asumir esto? Porque sería extraño que alguien escribiera los dichos de Jesús y luego escribiera sobre sí mismo en tercera persona. ¿Por qué no decir simplemente: "Estas son las palabras de Jesús escritas por mí, el discípulo Tomás"?

Siempre que Pablo escribe una epístola, comienza identificándose al inicio de la carta. Por supuesto, no se trata de una carta dirigida a cualquiera, pero el principio sigue siendo válido. En el siglo I, la gente solía identificarse al comienzo del documento, para que los lectores supieran quién lo escribía. Curiosamente, se observa lo contrario en los cuatro Evangelios del Nuevo Testamento, donde solo Lucas comienza hablando de sí mismo en primera persona, y los otros tres autores no se identifican ni una sola vez. Solo se conocen los nombres de esos autores por los títulos de sus Evangelios, y estas atribuciones se transmitieron a través de la tradición cristiana primitiva, no se encuentran en los propios textos.

Así pues, cuando el prólogo nos dice que vamos a leer los dichos de Jesús que escribió el discípulo Tomás, debemos asumir que alguien más añadió la introducción para informarnos de dónde proceden estos dichos.

Traducción del Evangelio de Tomás

Aproximadamente cincuenta años antes de que se descubrieran los textos de Nag Hammadi en Oxyrhynchus, una antigua ciudad de Egipto, se encontraron fragmentos de papiro en griego que correspondían a un evangelio apócrifo atribuido al Apóstol Tomás. El análisis paleográfico situó estos escritos entre los años 200 y 250 d.C., lo que sugirió la existencia de un quinto evangelio similar a los canónicos, donde se registraban las enseñanzas de Jesús.

Una de estas páginas se encuentra actualmente en el Museo Británico de Londres. Sin embargo, este hallazgo no obtuvo mucha relevancia hasta que se descubrió la versión en copto, la cual proporcionó el texto completo. Los fragmentos en griego son conocidos como los "Papiros de Oxyrhynchus", mientras que el texto en copto se denomina "Códice II de Nag Hammadi".

Todos los especialistas, incluidos varios teólogos, están de acuerdo en que el "Evangelio según Tomás" tiene una autenticidad comparable a la de los evangelios sinópticos y el de Juan. Este documento ha sido objeto de estudio durante décadas y, en tiempos recientes, ha llevado a conclusiones sorprendentes que exploraremos más adelante.

Como el lector podrá observar, el evangelio de Tomás se diferencia completamente de los que forman parte del Nuevo Testamento. No incluye relatos narrativos ni episodios sobre la vida y las obras de Jesús; en cambio, está compuesto por 117 dichos y breves diálogos que recopilan las enseñanzas más relevantes atribuidas al Maestro. No se mencionan eventos como el nacimiento, la muerte ni la supuesta resurrección de Jesús.

El autor, posiblemente haciendo alusión a la naturaleza "privada" de estos diálogos o máximas, denomina a estos escritos como: "Los dichos secretos que habló Jesús viviente".

Clemente de Alejandría ya hace referencia al Evangelio de Tomás sin especificar su origen. El pasaje citado es el proverbio número 2, que dice: "Jesús dijo: Que quien busca no deje de buscar hasta que encuentre, y cuando encuentre se inquietará, y cuando haya sido inquietado se asombrará y reinará sobre todo y encontrará descanso". Esto indica que el libro, en su forma original, ya existía en el año 190 d.C., fecha en la que se compuso "Stromata" ("Remedios"), el cual contiene esta cita.

No obstante, hay indicios que sugieren que el Evangelio de Tomás podría haber sido el evangelio más antiguo, ya que su versión original es probablemente anterior al año 100 d.C., o al menos, es el que recoge con mayor precisión y sin añadidos mítico-legendarios las palabras pronunciadas por el Jesús histórico, que han llegado hasta nosotros.

Estos son los dichos secretos que ha proclamado Jesús el viviente,

y que anotó Dídimo Judas Tomás:

1. Y Tomás ha dicho: Quien encuentra la interpretación de estos dichos, no saboreará la muerte.

2. Jesús ha dicho: Que quien busca no deje de buscar hasta que encuentre, y cuando encuentre se turbará, y cuando haya sido turbado se maravillará y reinará sobre la totalidad y hallará el reposo.

3. Jesús ha dicho: Si aquellos que os guían os dijeran, "¡Ved, el Reino está en el Cielo!", entonces las aves del Cielo os precederían. Si os dijeran, "¡Está en el mar!", entonces los peces del mar os precederían. Más bien, el Reino de Dios está adentro de vosotros y está fuera de vosotros. Quienes llegan a conocerse a sí mismos lo hallarán y cuando lleguéis a conoceros a vosotros mismos, sabréis que sois los Hijos del Padre viviente. Pero si no os conocéis a vosotros mismos, sois empobrecidos y sois la pobreza.

4. Jesús ha dicho: La persona mayor en días no vacilará en preguntar a un infante de siete días con respecto al lugar de la vida y vivirá. Pues muchos que son primeros serán los últimos y los últimos primeros. Y se convertirán en una sola unidad.

5. Jesús ha dicho: Conoce lo que está enfrente de tu rostro y lo que se esconde de ti se te revelará. Pues no hay nada escondido que no será revelado, y nada enterrado que no será levantado.

6. Sus discípulos le preguntan, le dicen: ¿Cómo quieres que ayunemos, y cómo oraremos? ¿Y cómo daremos limosna, y cuál dieta mantendremos? Jesús ha dicho: No mintáis, y no practiquéis lo que odiáis porque todo se revela delante del rostro del Cielo. Pues no hay nada escondido que no será revelado, y no hay nada oculto que quedará sin ser descubierto.

7. Jesús ha dicho: Bendito sea el león que el humano come y el león se convertirá en humano. Y maldito sea el humano a quien el león come y el humano se convertirá en león.

8. Y él ha dicho: El Reino se asemeja a un pescador sabio que echó su red al mar. La sacó del mar llena de peces. Entre ellos descubrió un pez grande y bueno. Aquel pescador sabio volvió a arrojar todos los peces al mar, escogió sin vacilar el pez grande. Quien tiene oídos para oír, ¡que oiga!

9. Jesús ha dicho: He aquí que el sembrador salió y tomó un puñado de semillas, esparció. Algunas en verdad cayeron en el camino y vinieron los pájaros, las recogieron. Otras cayeron sobre la roca-madre y no arraigaron abajo en el suelo y no retoñaron espigas hacia el Cielo. Y otras cayeron entre las espinas, las cuales ahogaron las semillas y el gusano se las comió. Y otras cayeron en la tierra buena y produjeron cosecha buena hacia el Cielo, rindió sesenta por medida y ciento veinte por medida.

10. Jesús ha dicho: He arrojado fuego sobre el mundo y he aquí que lo estoy vigilando hasta que arda en llamas.

11. Jesús ha dicho: Este Cielo pasará y pasará el que está más arriba. Y los muertos no están vivos y los vivos no morirán.

En los días cuando comíais los muertos, los transformasteis a la vida. Cuando entréis en la luz, ¿qué haréis? En el día cuando estabais juntos, os separasteis, más cuando os hayáis separado, ¿qué haréis?

12. Los discípulos dicen a Jesús: Sabemos que te separarás de nosotros. ¿Quién será Rabí sobre nosotros? Jesús les ha dicho: En el lugar donde habéis venido, iréis a Jacob el Justo, para el bien de quien llegan a ser el Cielo y la tierra.

13. Jesús ha dicho a sus discípulos: Comparadme con alguien y decidme a quién me asemejo. Simón Pedro le dice: Te asemejas a un ángel justo. Mateo le dice: Te asemejas a un filósofo del corazón. Tomás le dice: Maestro, mi boca es totalmente incapaz de decir a quien te asemejas. Jesús dice: No soy tu maestro, ya que has bebido, te has embriagado del manantial burbujeante que he repartido al medirlo. Y le lleva consigo, se retira, le dice tres palabras: áhyh ashr áhyh (Soy Quien Soy). Ya, cuando viene Tomás a sus camaradas, le preguntan: ¿Qué te dijo Jesús? Tomás les dice: Si os dijera siquiera una de las palabras que me dijo, cogeríais piedras para lapidarme y fuego saldría de las piedras para quemaros.

14. Jesús les ha dicho: Si ayunáis, causaréis transgresión a vosotros mismos. Y si oráis, seréis condenados. Y si dais limosna, haréis daño a vuestros espíritus. Y cuando entréis en cualquier país para vagar por las regiones, si os reciben comed lo que os ponen frente a vosotros y curad a los enfermos entre ellos. Pues lo que entra en vuestra boca no os profanará, sino lo que sale de vuestra boca eso es lo que os profanará.

15. Jesús ha dicho: Cuando veáis a quien no nació de mujer, tendeos sobre vuestros rostros y adoradle, él es vuestro Padre.

16. Jesús ha dicho: Quizás la gente piense que he venido para lanzar paz sobre la tierra, y no saben que he venido para lanzar conflictos sobre la tierra, a fuego, espada y guerra. Pues habrá cinco en una casa, estarán tres contra dos y dos contra tres, el padre contra el hijo y el hijo contra el padre. Y estarán de pie como solitarios.

17. Jesús ha dicho: Yo os daré lo que ningún ojo ha visto y ningún oído ha escuchado y ninguna mano ha tocado y que no ha surgido en la mente humana.

18. Los discípulos dicen a Jesús: Dinos como será nuestro fin. Jesús ha dicho: ¿Así habéis descubierto el origen, que ahora preguntáis referente al fin? Pues en el lugar donde está el origen, allí estará el fin. Bendito sea quien estará de pie en el origen y conocerá el fin y no saboreará la muerte.

19. Jesús ha dicho: Bendito sea quien existía antes de que entrara en el ser. Si os hacéis mis discípulos y atendéis mis dichos, estas piedras os servirán. Pues tenéis cinco árboles en el paraíso, los cuales no se mueven en el verano ni caen sus hojas en el invierno quien los conoce no saboreará la muerte.

20. Los discípulos dicen a Jesús: Dinos a qué se asemeja El Reino de los Cielos. Él les ha dicho: Se asemeja a una semilla de mostaza, la más pequeña de todas las semillas, no obstante, cuando cae en la tierra fértil, produce una planta grande y se hace albergue para los pájaros del Cielo.

21. Mariam ha dicho a Jesús: ¿A quiénes se asemejan tus discípulos? Él ha dicho: Se asemejan a niños que residen en un campo que no es suyo. Cuando vengan los dueños del campo, dirán: ¡Devolvednos nuestro campo! Se quitan su ropa frente a ellos para cedérselo y para devolverles su campo. Por eso yo digo, si el dueño de la casa se entera de que viene el ladrón, estará sobre aviso antes de que llegue y no le permitirá penetrar en la casa de su dominio para quitarle sus pertenencias. En cuanto a vosotros, cuidaos del sistema, ceñid vuestros lomos con gran fortaleza para que no encuentren los bandidos una manera de alcanzaros, pues hallarán la ventaja que anticipasteis. ¡Que haya entre vosotros una persona con comprensión! ...cuando maduró la cosecha, vino rápido con su hoz en la mano, la recogió. Quien tiene oídos para oír, ¡que oiga!

22. Jesús ve a infantes que están mamando. Dice a sus discípulos: Estos infantes que maman se asemejan a los que entran en el Reino. Le dicen: ¿Así al convertirnos en infantes entraremos en el Reino? Jesús les ha dicho: Cuando hagáis de los dos uno, y hagáis el interior como el exterior y el exterior como el interior y lo de arriba como lo de abajo, y cuando establezcáis el varón con la hembra como una sola unidad de tal modo que el hombre no sea masculino ni la mujer femenina, cuando establezcáis un ojo en el lugar de un ojo y una mano en el lugar de una mano y un pie en el lugar de un pie y una imagen en el lugar de una imagen, entonces entraréis en el Reino.

23. Jesús ha dicho: Yo os escogeré, uno entre mil y dos entre diez mil y estarán de pie como una sola unidad.

24. Sus discípulos dicen: Explícanos tu lugar, porque es necesario que lo busquemos. Él les ha dicho: Quien tiene oídos, ¡que oiga! Dentro de una persona de luz hay luz, y él ilumina el mundo entero. Cuando no brilla, hay oscuridad.

25. Jesús ha dicho: Ama a tu hermano como a tu alma, protégele como a la pupila de tu ojo.

26. Jesús ha dicho: Ves la mota que está en el ojo de tu hermano, mas no ves la viga que está en tu propio ojo. Cuando saques la viga de tu propio ojo, entonces verás claramente para quitar la mota del ojo de tu hermano.

27. Jesús ha dicho: A menos que ayunéis del sistema, no encontraréis el Reino de Dios. A menos que guardéis la semana entera como sábado, no veréis al Padre.

28. Jesús ha dicho: Me puse de pie en medio del mundo y encarnado me aparecía a ellos. Los encontré a todos ebrios, no encontré a ninguno sediento. Y mi alma se apenaba por los hijos de los hombres, porque están ciegos en sus corazones y no ven que vacíos han entrado en el mundo y vacíos están destinados a salir del mundo de nuevo. Mas ahora están ebrios, cuando hayan sacudido su vino, entonces repensarán.

29. Jesús ha dicho: Si la carne ha llegado a ser por causa espiritual, es una maravilla, más si espíritu por causa corporal, sería una maravilla maravillosa. No obstante me maravillo en esto que esta gran riqueza ha morado en esta pobreza.

30. Jesús ha dicho: Donde hay tres dioses, carecen de Dios. Donde hay solo uno, digo que yo estoy con él. Levantad la piedra y allí me encontraréis, partid la madera y allí estoy.

31. Jesús ha dicho: Ningún oráculo se acepta en su propia aldea, ningún médico cura a aquellos que le conocen.

32. Jesús ha dicho: Una ciudad que se construye encima de una montaña alta y fortificada, no puede caer ni quedar escondida.

33. Jesús ha dicho: Lo que escucharás en tu oído, proclámalo desde tus techos a otros oídos. Pues nadie enciende una lámpara para ponerla debajo de un cesto ni la pone en un lugar escondido, sino que se coloca sobre el candelero para que todos los que entran y salen vean su resplandor.

34. Jesús ha dicho: Si un ciego guía a un ciego, caen juntos en un hoyo.

35. Jesús ha dicho: Nadie puede entrar en la casa del poderoso para conquistarla con fuerza, a menos que le ate sus manos, entonces saqueará su casa.

36. Jesús ha dicho: No estéis ansiosos en la mañana sobre la noche ni en la noche sobre la mañana, ni por vuestro alimento que comeréis ni por vuestra ropa que llevaréis. Sois bien superiores a las flores de viento, que ni peinan lana ni hilan. Al tener una vestidura, ¿que os falta? ¿O quién puede aumentar vuestra estatura? El mismo os dará vuestra vestidura.

37. Sus discípulos dicen: ¿Cuándo te nos revelarás y cuándo te percibiremos? Jesús dice: Cuando os quitéis vuestros vestidos sin avergonzaos y toméis vuestra ropa y la pongáis bajo vuestros pies para pisar sobre ella, como hacen los niños, entonces miraréis al Hijo del Viviente y no temeréis.

38. Jesús ha dicho: Muchas veces habéis anhelado oír estos dichos que os proclamo, y no tenéis otro de quien oírlos. Habrá días en que me buscaréis, pero no me encontraréis.

39. Jesús ha dicho: Los clérigos y los teólogos han recibido las llaves del conocimiento, pero las han escondido. No entraron ellos, ni permitían entrar a los que sí deseaban. En cuanto a vosotros, haceos astutos como serpientes y puros como palomas.

40. Jesús ha dicho: Ha sido plantada una enredadera sin el Padre, y puesto que no es vigorosa será desarraigada y destruida.

41. Jesús ha dicho: Quien tiene en su mano, a él se dará más. Y quien no tiene, se le quitará aún lo poco que tiene.

42. Jesús ha dicho: Haceos transeúntes.

43. Sus discípulos le dicen: ¿quién eres?, por cuanto nos dices estas cosas. Jesús les dice: De lo que os digo no conocéis quien soy, sino os habéis hecho como los judíos, pues aman el árbol más odian su fruto, y aman el fruto más odian el árbol.

44. Jesús ha dicho: Quien maldice al Padre, se le perdonará. Y quien maldice al Hijo, se le perdonará. Pero quien maldice

a la Espíritu Santa, no se le perdonará, ni en la tierra ni en el Cielo.

45. Jesús ha dicho: No se cosechan uvas de los espinos ni se recogen higos de las zarzas, pues no dan fruto. Una persona buena saca lo bueno de su tesoro. Una persona perversa saca la maldad de su tesoro malo que está en su corazón y habla opresivamente, pues de la abundancia del corazón saca la maldad.

46. Jesús ha dicho: Desde Adán hasta Juan Bautista, entre los nacidos de mujeres no hay ninguno más exaltado que Juan Bautista, tanto que sus ojos no se romperán. No obstante, he dicho que quienquiera entre vosotros que se convierta como niño, conocerá el Reino y será más exaltado que Juan.

47. Jesús ha dicho: Una persona no puede montar dos caballos ni tensar dos arcos, y un esclavo no puede servir a dos amos, de otra manera honrará a uno y ofenderá al otro. Nadie bebe vino añejo e inmediatamente quiere beber vino nuevo. Y no se pone vino nuevo en odres viejos, para que no se revienten. Y no se pone vino añejo en odres nuevos, para que no se vuelva ácido. No se cose remiendo viejo en ropa nueva, porque vendría un rasgón.

48. Jesús ha dicho: Si dos hacen la paz entre sí dentro de esta misma casa, dirán a la montaña, "¡Muévete!" y se moverá.

49. Jesús ha dicho: Benditos sean los solitarios y escogidos porque encontraréis el Reino. Habéis procedido de él, y a él volveréis.

50. Jesús ha dicho: Si os dicen "¿De dónde venís?", decidles "Hemos venido de la luz, el lugar donde la luz se ha originado por sí misma, él se puso de pie y se reveló en las imágenes de ellos." Si os dicen "¿Quiénes sois?", decid "Somos los Hijos de Él y somos los escogidos del Padre viviente." Si os preguntan "¿Cuál es el signo en vosotros de vuestro Padre?", decidles "Es movimiento con reposo."

51. Sus discípulos le dicen: ¿Cuándo sucederá el reposo de los muertos, y cuándo vendrá el mundo nuevo? Él les dice: Lo que buscáis ya ha llegado, pero no lo conocéis.

52. Sus discípulos le dicen: Veinticuatro profetas proclamaron en Israel, y todos hablaban dentro de ti. Él les dice: Habéis ignorado al viviente que está enfrente de vuestro rostro y habéis hablado de los muertos.

53. Sus discípulos le dicen: ¿Es provechosa la circuncisión, o no? Él les ha dicho: Si fuera provechosa, su padre los engendraría circuncidados de su madre. Sino que la verdadera circuncisión espiritual se ha hecho totalmente provechosa.

54. Jesús ha dicho: Benditos sean los pobres, pues vuestro es el Reino de los Cielos.

55. Jesús ha dicho: Quien no odia a su padre y a su madre, no podrá hacerse mi discípulo. Y quien no odia a sus hermanos y a sus hermanas y no levanta su cruz a mi manera, no se hará digno de mí.

56. *Jesús ha dicho: Quien ha conocido el sistema, ha encontrado un cadáver y quien ha encontrado un cadáver, de él no es digno el sistema.*

57. *Jesús ha dicho: El Reino del Padre se asemeja a una persona que tiene semilla buena. Su enemigo vino de noche, sembró una maleza entre la semilla buena. El hombre no les permitió arrancar la maleza, sino les dice: Para que no salgáis diciendo, "Vamos a arrancar la maleza", y arranquéis el trigo con ella. Pues en el día de la cosecha aparecerá la maleza, la arrancan y la queman.*

58. *Jesús ha dicho: Bendita sea la persona que ha sufrido porque ha encontrado la vida.*

59. *Jesús ha dicho: Mirad al viviente mientras viváis, para que no muráis y tratéis de mirarlo sin poder ver.*

60. *Ven a un samaritano llevando un cordero, entrando en Judea. Jesús les dice: ¿Por qué lleva consigo el cordero? Le dicen: Para matarlo y comerlo. Él les dice: Mientras está vivo no lo comerá, sino solamente después que lo mate y se haya convertido en cadáver. Dicen: De otra manera no podrá hacerlo. Él les dice: Vosotros mismos, buscad un lugar para vosotros en el reposo, para que no os convirtáis en cadáveres y seáis comidos.*

61a. *Jesús ha dicho: Dos descansarán en una cama, el uno morirá, el otro vivirá.*

61b. *Salomé dice: ¿Quién eres tú, hombre? Como mandado por alguien, te tendiste en mi cama y comiste de mi mesa. Jesús le ha dicho: Soy quien viene de la igualdad. A mí se me* han dado de las cosas de mi Padre. Salomé dice: Soy tu discípula. Jesús le dice: Por eso yo digo que cuando alguien iguale se llenará de luz, pero cuando divida se llenará de oscuridad.

62. Jesús ha dicho: Yo comunico mis misterios a quienes son dignos de mis misterios. No dejes que tu mano izquierda sepa lo que hace tu derecha.

63. Jesús ha dicho: Había una persona rica que tenía mucho dinero, y dijo: Voy a utilizar mi dinero para sembrar y cosechar y resembrar, para llenar mis graneros con fruto para que nada me falte. Así pensaba en su corazón y aquella misma noche murió. Quien tiene oídos, ¡que oiga!

64a. Jesús ha dicho: Una persona tenía huéspedes. Y cuando había preparado el banquete, envió a su esclavo para convidar a los huéspedes. Fue al primero, le dice: Te convida mi amo. Respondió: Tengo unos negocios con unos mercaderes, vienen a mí por la tarde, iré para colocar mis órdenes con ellos, ruego ser excusado del banquete. Fue a otro, le dice: Mi amo te ha convidado. Le respondió: He comprado una casa y me exigen por un día, no tendré tiempo libre. Vino a otro, le dice: Mi amo te convida. Le respondió: Mi compañero va a casarse y tengo que preparar un festín, no podré venir, ruego ser excusado del banquete. Fue a otro, le dice: Mi amo te convida. Le respondió: He comprado una villa, voy a cobrar el alquiler, no podré venir, ruego ser excusado. Vino el esclavo, dijo a su amo: Los que usted ha convidado al banquete se han excusado a sí mismos. Dijo el amo a su esclavo: Sal a los caminos, trae a quienesquiera que encuentres, para que cenen.

64b. Y él ha dicho: Comerciantes y mercaderes no entrarán en los lugares de mi Padre.

65. Él ha dicho: Una persona bondadosa tenía una viña. La arrendó a inquilinos para que la cultivaran y recibiría su fruto. Mandó a su esclavo para que los inquilinos le dieran el fruto de la viña. Agarraron a su esclavo, lo golpearon, un poco más y lo habrían matado. El esclavo fue, se lo dijo a su amo. Contestó su amo, "Quizás no le reconocían." Mandó a otro esclavo, los inquilinos lo golpearon también. Entonces el amo mandó a su hijo. Dijo, "Tal vez respetarán a mi hijo." Ya que aquellos inquilinos sabían que era el heredero de la viña, lo agarraron, lo mataron. Quien tiene oídos, ¡que oiga!

66. Jesús ha dicho: Mostradme la piedra que han rechazado los constructores es la piedra angular.

67. Jesús ha dicho: Quien conoce todo pero carece de conocerse a sí mismo, carece de todo.

68. Jesús ha dicho: Benditos seáis cuando sois odiados y perseguidos y no encontráis sitio allá donde habéis sido perseguidos.

69a. Jesús ha dicho: Benditos sean los que han sido perseguidos en su corazón, estos son los que han conocido al Padre en verdad.

69b. Jesús ha dicho: Benditos sean los hambrientos, pues el estómago de quien desea se llenará.

70. Jesús ha dicho: Cuando saquéis lo que hay dentro de vosotros, esto que tenéis os salvará. Si no tenéis eso dentro de vosotros, esto que no tenéis dentro de vosotros os matará.

71. Jesús ha dicho: Yo destruiré esta casa y nadie será capaz de reconstruirla.

72. Alguien le dice: Diles a mis hermanos que repartan conmigo las posesiones de mi padre. Él le dice: Oh hombre, ¿quién me hizo repartidor? Se volvió a sus discípulos, les dice: No soy repartidor, ¿soy?

73. Jesús ha dicho: La cosecha en verdad es abundante, pero los obreros son pocos. Pues implorad al Amo que mande obreros a la cosecha.

74. Él ha dicho: Amo, ¡hay muchos alrededor del embalse, pero ninguno dentro del embalse!

75. Jesús ha dicho: Hay muchos que están de pie a la puerta, pero los solitarios son los que entrarán en la alcoba nupcial.

76. Jesús ha dicho: El Reino del Padre se asemeja a un mercader poseedor de una fortuna, quien encontró una perla. Aquel mercader era listo, vendió la fortuna, compró para sí mismo la perla única. Vosotros mismos, buscad el tesoro de su rostro, que no perece, que perdura, el lugar donde ni la polilla se acerca para devorar ni el gusano destruye.

77. Jesús ha dicho: Soy la luz quien está sobre todos, Soy el todo. Todo salió de mí, y todo vuelve a mí. Partid la madera, allí estoy. Levantad la piedra y allí me encontraréis.

78. Jesús ha dicho: ¿Qué salisteis a ver en lo silvestre, una caña sacudida por el viento y a una persona vestida con ropa felpada? He aquí, vuestros gobernantes y vuestros dignatarios son los que se visten en ropa felpada, y ellos no podrán conocer la verdad.

79. Una mujer de la multitud le dice: ¡Bendita sea la matriz que te parió, y benditos los senos que te amamantaron! Él le dice: Benditos sean quienes han oído la significación del Padre y la han cumplido en verdad. Pues habrá días cuando diréis: ¡Bendita sea la matriz que no ha engendrado, y benditos los senos que no han amamantado!

80. Jesús ha dicho: Quien ha conocido el sistema, ha encontrado el cuerpo y quien ha encontrado el cuerpo, de él no es digno el sistema.

81. Jesús ha dicho: Quien se enriquece, que reine. Y quien tiene poder, que renuncie.

82. Jesús ha dicho: Quien está cerca de mí está cerca del fuego, y quien está lejos de mí está lejos del Reino.

83. Jesús ha dicho: Las imágenes se manifiestan a la humanidad y la luz que está dentro de ellas se esconde. Él se revelará a sí mismo en la imagen de la luz del Padre, pues su imagen se esconde por su luz.

84. Jesús ha dicho: Cuando veis vuestro reflejo, os alegráis. Pues cuando percibáis vuestras imágenes que entran en la existencia frente a vosotros, las cuales ni mueren ni disfrazan ¿hasta qué punto dependerán de vosotros?

85. Jesús ha dicho: Adán entró en la existencia por un gran poder y por medio de una gran riqueza, pero sin embargo no se hizo digno de vosotros. Pues si hubiera sido digno, no habría saboreado la muerte.

86. Jesús ha dicho: Las zorras tienen sus guaridas y los pájaros tienen sus nidos, pero el hijo de la humanidad no tiene ningún lugar para poner su cabeza y descansar.

87. Jesús ha dicho: Maldito sea el cuerpo que depende de otro cuerpo, y maldita sea el alma que depende de estar juntos aquellos.

88. Jesús ha dicho: Los ángeles y los oráculos vendrán a vosotros y os regalarán lo vuestro. Y vosotros mismos, dadles lo que tenéis en vuestras manos y decid entre vosotros: ¿En qué día vendrán para recibir lo suyo?

89. Jesús ha dicho: ¿Por qué laváis el exterior del cáliz? ¿No notáis que quien crea el interior, también es quien crea el exterior?

90. Jesús ha dicho: Venid a mí, pues mi yugo es natural y mi dominio es manso y encontraréis reposo para vosotros mismos.

91. Le dicen: Dinos quién eres tú, para que podamos confiar en ti. Él les dice: Escudriñáis la faz del Cielo y de la tierra mas no habéis conocido a quien está frente a vuestro rostro, y no sabéis preguntarle en este momento.

92. Jesús ha dicho: Buscad y encontraréis. Mas esas cosas que me preguntabais en aquellos días, no os las dije entonces. Ahora quiero comunicarlas, pero no preguntáis de ellas.

93. Jesús ha dicho: No deis lo sagrado a los perros, para que no lo echen en el montón de estiércol. No arrojéis las perlas a los cerdos, para que no lo hagan...

94. Jesús ha dicho: Quien busca encontrará, y a quien toca se le abrirá.

95. Jesús ha dicho: Si tenéis monedas de cobre, no las prestéis a interés, sino dadlas a ellos de quienes no recibiréis reembolso.

96. Jesús ha dicho: El Reino del Padre se asemeja a una mujer que ha tomado un poco de levadura y la ha escondido en la masa, produjo panes grandes de ella. Quien tiene oídos, ¡que oiga!

97. Jesús ha dicho: El Reino del Padre se asemeja a una mujer que llevaba una jarra llena de grano. Mientras estaba andando por un camino lejano, se rompió la asa de la jarra, derramó el grano detrás de ella en el camino. No lo sabía, no había notado ningún accidente. Cuando llegó a su casa, puso la jarra en el suelo, la descubrió vacía.

98. Jesús ha dicho: El Reino del Padre se asemeja a una persona que deseaba asesinar a un hombre prominente. Desenvainó su espada en su casa, la clavó en la pared para averiguar si su mano prevalecería. Luego asesinó al hombre prominente.

99. Le dicen sus discípulos: Tus hermanos y tu madre están de pie afuera. Él les dice: Quienes están aquí, que cumplen los deseos de mi Padre, estos son mis hermanos y mi Madre. Ellos son los que entrarán en el Reino de mi Padre.

100. Le muestran a Jesús una moneda de oro y le dicen: Los agentes de César nos exigen tributos. Él les dice: Dad a César lo de César, dad a Dios lo de Dios, y dadme a mí lo mío.

101. Jesús ha dicho: Quien no odia a su padre y a su madre a mi manera, no podrá hacerse discípulo mío. Y quien no ama a su Padre y a su Madre a mi manera, no podrá hacerse discípulo mío. Pues mi madre me parió, más mi Madre verdadera me dio la vida.

102. Jesús ha dicho: ¡Ay de los clérigos! pues se asemejan a un perro dormido en el pesebre de los bueyes. Ya que ni come ni deja que coman los bueyes.

103. Jesús ha dicho: Bendita sea la persona que sabe por cuál parte invaden los bandidos, porque se levantará y recogerá sus pertenencias y ceñirá sus lomos antes de que entren.

104. Le dicen: ¡Ven, oremos y ayunemos hoy! Jesús ha dicho: ¿Pues cuál es la transgresión que he cometido yo, y en qué he sido vencido? Pero cuando salga el novio de la alcoba nupcial, ¡entonces que ayunen y oren!

105. Jesús ha dicho: Quien reconoce a padre y madre, será llamado hijo de ramera.

106. Jesús ha dicho: Cuando hagáis de los dos uno, os convertiréis en hijos de la humanidad y cuando digáis a la montaña, "¡Muévete!", se moverá.

107. Jesús ha dicho: El Reino se asemeja a un pastor que tiene 100 ovejas. Se extravió una de ellas, que era la más grande. El dejó las 99, buscó a la una hasta que la encontró. Tras haberse cansado, dijo a esa oveja, "¡Te quiero más que a las 99!"

108. Jesús ha dicho: Quien bebe de mi boca, se hará semejante a mí. Yo mismo me convertiré en él, y los secretos se le revelarán.

109. Jesús ha dicho: El Reino se asemeja a una persona que tiene un tesoro escondido en su campo sin saberlo. Y después de morir, lo legó a su hijo. El hijo no lo sabía, aceptó aquel campo, lo vendió. Y vino quien lo compró, aró, descubrió el tesoro. Empezó a prestar dinero a interés a quienes quería.

110. Jesús ha dicho: Quien ha encontrado el sistema y se ha enriquecido, que renuncie al sistema.

111. Jesús ha dicho: El Cielo y la tierra se enrollarán en vuestra presencia. Y quien vive de adentro del viviente, no verá la muerte ni el miedo pues Jesús dice: Quien se encuentra a sí mismo, de él no es digno el sistema.

112. Jesús ha dicho: ¡Ay de la carne que depende del alma, ay del alma que depende de la carne!

113. Sus discípulos le dicen: ¿Cuándo vendrá el Reino? Jesús dice: No vendrá por expectativa. No dirán, "¡Mirad aquí!" o "¡Mirad allá!". Sino que el Reino del Padre se extiende sobre la tierra y los humanos no lo ven.

114. Simón Pedro les dice: Que Mariam salga de entre nosotros, pues las hembras no son dignas de la vida. Jesús dice: He aquí que le inspiraré a ella para que se convierta en varón, para que ella misma se haga una espíritu viviente semejante a vosotros varones. Pues cada hembra que se convierte en varón, entrará en el Reino de los Cielos.

El Código Secreto de Jesús

Según el Evangelio de Tomás

El Poder de la Comprensión

Jesús dijo: "Aquel que logre descifrar estos dichos no temerá la muerte".

Diversos expertos señalan que el desafío con esta declaración es discernir si realmente corresponde al "Dicho 1" o si debería considerarse parte del prólogo. Es razonable suponer que quien escribió el prólogo no fue Tomás, por lo que probablemente esa misma persona esté citando a Tomás aquí, y no a Jesús. Si se interpreta de esta manera —y varios académicos lo hacen— entonces, el "afirmó" se refiere a Tomás, y el autor del prólogo intenta agregar una capa adicional de autenticidad a la colección, informándonos que conocía personalmente a Tomás. Cuando Tomás entregó a esta persona esta recopilación de dichos, expresó lo que está registrado arriba: "Aquel que logre descifrar estos dichos no temerá la muerte".

Por consiguiente, quizás deberíamos considerar esta afirmación como la única aportación de Tomás al texto y una pista para nosotros de que encontrar "la interpretación de estos dichos" es de suma importancia.

Se nos presenta la promesa de que quien descubra la clave para interpretar estos dichos de Jesús que se encuentran aquí "no temerá la muerte". Como todo lo demás en el Evangelio de Tomás, no es posible tomar estas afirmaciones literalmente. Si lo hiciéramos, perderíamos el significado oculto que encierra cada frase. Por el contrario, es necesario intentar comprender esta promesa de manera metafórica o alegórica.

Evidentemente, todos los seres humanos experimentarán una muerte física. Eso no cambiará si leen y comprenden este texto. Pero lo que Tomás desea que entendamos es que, una vez que nos percatemos de que no existe una separación entre Dios y los demás, también comprenderemos que la muerte es una ilusión. Esto implica que, cuando nuestros cuerpos físicos fallezcan, seguiremos conectados y siendo uno con Cristo y con todas las cosas, tal como lo somos ahora. Quizás incluso más, porque la ilusión de separación —mantenida por los límites de nuestros cuerpos físicos y la percepción de dualidad en nuestra conciencia, expresada por estar "vivos" o "muertos"— desaparecerá. Entonces nos percataremos verdaderamente de nuestra unidad con Dios y con todo lo demás.

Cuanto más profundicemos en los dichos de Jesús en este estudio —y supongo que aún no hemos iniciado ese viaje—, más reconoceremos esta verdad que reside en nosotros: que estamos en Cristo, y Cristo está en nosotros, y que "todos estamos llenos de la plenitud de Aquel que lo llena todo en todos los sentidos". (Ef. 1:23)

La Senda del Buscador

El dicho 2 del Evangelio de Tomás —que en realidad podría ser el dicho 1— invita a formular preguntas para cultivar el deseo interno de Verdad, pero advierte que el proceso no será necesariamente placentero. Jesús dijo: "Que quien busca no cese de buscar hasta que encuentre. Cuando encuentre, se perturbará. Cuando se perturbe, se asombrará, y reinará sobre todos".

Si no se está dispuesto a cuestionar las propias suposiciones y a renunciar a la necesidad de tener razón en todo, la búsqueda de la Verdad carece de sentido. La honestidad revela que, en este punto, la mayoría se detiene. Aunque se pretende tener una mente abierta y considerarse un buscador sincero de la Verdad, en realidad, muchos desean que sus creencias sean confirmadas en lugar de ser cuestionadas.

Mientras no se admita desde el inicio que se puede estar equivocado, no será posible considerarse verdaderamente un buscador de la Verdad. La honestidad nos lleva a reconocer que nos hemos equivocado en el pasado, que probablemente cometamos errores ahora mismo y que, por lo tanto, podríamos equivocarnos en el futuro.

Solo cuando es posible liberarse de la necesidad de tener razón, se puede iniciar la búsqueda de la Verdad. Admitamos que, si ya se posee la Verdad, no habría necesidad de buscarla, ¿no es así?

El deseo de conocer la Verdad debe comenzar por admitir la propia ignorancia. Como dijo Sócrates: "La única sabiduría verdadera consiste en saber que no se sabe nada". Por lo tanto, es conveniente comenzar el viaje confesando la ignorancia y abrazando el gran Misterio de Dios como un descubrimiento sin fin de un Ser más allá de la limitada imaginación humana.

Como dice el dicho: "El que busca, no cese de buscar hasta que encuentre...", y este es el mayor desafío: abandonar la búsqueda demasiado pronto. Con demasiada frecuencia, se escucha un sermón o se lee un libro, aceptando las respuestas que brindan los gurús espirituales sin cuestionarlas. Sin embargo, lo que Jesús exhorta aquí es a mantener la mente abierta, aferrarse con firmeza a las creencias y nunca dejar que se sequen.

No se debe "cesar de buscar". Incluso cuando se piensa que se han encontrado las respuestas, siempre hay más cosas por conocer y aprender a medida que se crece y madura. Es necesario permitirse ser transformado por la Verdad, que es más alta, más amplia, más extensa y más profunda de lo que se pueda imaginar.

¿cómo se sabe cuándo se ha encontrado la Verdad? Jesús afirma que se reconocerá porque "cuando se la encuentre, se perturbará".

¿Preocupa la Verdad? ¿O consuela? Si la Verdad recibida no inquieta al principio, tal vez aún no se haya conocido la Verdad en absoluto. Puede que simplemente se haya encontrado una mentira reconfortante que refuerza todas las ideas preconcebidas sobre uno mismo y sobre Dios.

Para que la Verdad transforme, primero debe inquietar y perturbar el estado actual. Una vez perturbado por la Verdad, se experimentará asombro. Como dice Jesús: "Cuando se perturbe, se asombrará". Ese sentido de asombro y maravilla es lo que a muchos les falta en su experiencia espiritual hoy en día.

¿Por qué sucede esto? Porque se cree que ya se conocen todas las respuestas y se tiene todo resuelto. No hay asombro; se es inmune a él y no se posee un sentido profundo de maravilla o misterio cuando se trata de Dios. Sin embargo, ¿qué tan equivocados podemos estar? ¿Cómo podría encontrarse con un Ser que está más allá de la imaginación, Aquel que habita en una luz inaccesible, que dio existencia al Universo, cuyo "nombre es demasiado maravilloso" para ser pronunciado, sin caer de rodillas en asombro y maravilla?

¿Se tiene a Dios en una caja o encuadernado en un libro? Si es así, lo que se piensa de Dios no es Dios. Como dijo San Agustín: "Se puede saber lo que Dios no es, pero no se puede saber lo que Dios es. A Dios se le conoce mejor no conociéndolo".

Piénsese en esto: "A Dios se le conoce mejor no conociéndole". ¿Se percibe el misterio impenetrable de Dios en el corazón? ¿Sobrecoge la majestad trascendente de lo Divino? Al pensar en Dios, ¿se imagina un Ser cuya naturaleza misma es demasiado maravillosa para que la mente la contenga? Si no es así, ¿por qué no? ¿Se ha conformado con un Dios que puede definirse, explicarse, esbozarse y resumirse dentro del estrecho marco del propio sistema religioso? Si es así, lo que se tiene puede ser comprensible y descriptible, pero no se posee ninguna idea de quién es Dios en realidad.

Una vez que se abraza el ilimitado misterio de lo Divino, entonces y solo entonces podrá comenzar el viaje. Se inicia buscando sin cesar y se continúa inquietándose por lo que se encuentra. Hay que dejarse desafiar, asombrar y maravillar. Entonces se llega a un lugar en el que se consume el Gran Misterio, entrando en un estado de entrega arrebatadora en el que, como dice el Apóstol Pablo, la persona se encuentra "sentada con Cristo en los lugares celestiales". Este lugar es donde, como Jesús indica en el Dicho 2, "se reinará sobre todos". Es importante notar que la frase dice: "...reinará sobre todos", no que reinará sobre todos. Las epifanías espirituales no colocan a uno en una autoridad jerárquica sobre otras personas, y esto no es lo que Jesús sugiere aquí.

Cuando Jesús indica que quienes buscan incesantemente la Verdad se perturban y luego se asombran, el resultado final es que se unen con esta Verdad —con el Uno Divino— y en ese momento se dan cuenta de que están conectados con todas las cosas, así como todas las cosas están conectadas con ellos. "Reinar sobre todo" es darse cuenta de que "todo" es todo lo que existe, lo que ha existido y lo que existirá. No hay "nosotros y ellos"; solo existe "Nosotros".

Otras traducciones de este dicho agregan "y habiendo reinado descansará" al final de esta frase. Descansar, en este contexto, significa aceptar la paz que proviene de comprender que esforzarse es inútil, que la ansiedad y el miedo son ilusiones, y que la Unidad con Dios es inquebrantable.

Como anima el apóstol Pablo:

"Nada separará jamás del amor de Dios. Ni los problemas ni las dificultades. Ni la persecución ni el hambre. Ni el peligro, ni la desnudez, ni la espada. Ni los ángeles, ni los demonios, ni el futuro, ni el pasado, ni ningún poder, ni ninguna otra cosa en toda la Creación podrá jamás separar del amor de Dios que es para todos en Cristo." (Rom. 8:35-39)

Se es Uno con Dios en Cristo: "Dios es amor, y todos los que viven en el amor viven en Dios, y Dios vive en ellos". (1 Juan 4:16)

Esta es la Verdad que inquieta, asombra y transforma. Es una Verdad sin límites —ni principio ni fin— que conduce al descanso definitivo y a la conciencia de la Unidad con Dios y con todas las cosas, en todas partes.

El Reino: Dentro y Fuera

Jesús dijo: "Si aquellos que os orientan os dicen: 'Observad, el Reino está en el cielo', entonces las aves volarán ante vosotros. Si os afirman: 'Está en el mar', los peces se moverán delante de vosotros. Pero en realidad, el Reino reside tanto dentro como fuera de vosotros".

"Al llegar a conoceros a vosotros mismos, seréis conocidos, y descubriréis que sois los Hijos del Padre Viviente. Pero si no lográis conoceros, viviréis en la pobreza, y seréis esa misma pobreza."

Con este dicho, Jesús plantea dos conceptos fundamentales. Primero, que el Reino no está en un lugar distante—ni en las alturas, ni en las profundidades—como si fuese un sitio que debiera hallarse o al que tuviera que desplazarse para experimentarlo. Además, destaca lo ilógico de esta idea al señalar que el Reino no podría estar en las nubes ni en el mar, pues entonces solo las aves o los peces lo disfrutarían, y el Reino no es así.

En cambio, invita a reconocer que el Reino está "dentro de cada uno y fuera de cada uno". Es csencial meditar sobre este concepto, ya que el Reino no está únicamente fuera—como si sugiriera que no estuviera—ni está únicamente dentro—como si tampoco lo estuviera. Está en ambos lugares simultáneamente, una idea que será explorada más adelante.

Segundo, Jesús insta a comprender la importancia de conocerse a sí mismo y entender la identidad propia como "hijos e hijas del Padre Viviente". Al entender plenamente el verdadero Ser, se reconoce la conexión eterna con Dios y con todo lo demás en el Universo. Si no se conoce de esta manera, como menciona Jesús, "se vivirá en la pobreza". No se trata de pobreza económica, sino de una carencia más profunda en la que no se percibe la verdadera riqueza de la Presencia infinita de Dios en cada uno.

Al comprender realmente la Unidad inseparable con lo Divino, se toma conciencia de que ya se posee todo lo necesario para estar en paz, hallar descanso y experimentar una verdadera y duradera plenitud en lo más profundo del ser.

Jesús inicia este dicho subrayando que el Reino está "dentro de cada uno y fuera de cada uno", porque desea que se entienda la verdad: No existe realmente "dentro" o "fuera". Estos conceptos representan formas dualistas de pensar. El Reino no existe en términos de "dentro/fuera" o "nosotros/ellos", simplemente porque estos conceptos son ilusiones.

Al comprender el Reino, se toma conciencia de que no hay ningún lugar donde este Reino no exista. Si el Reino está dentro y fuera, entonces los conceptos de dentro y fuera pierden sentido. Todo está en el Reino, y el Reino está en todo y en todos. Lo mismo podría decirse de Cristo, quien "es todo y en todos", como recuerda el autor de Colosenses (véase Col. 3:11).

Esta misma idea de conexión con Cristo y Unidad con Dios es lo que Jesús intentaba ilustrar en el Evangelio de Juan:

"En aquel día sabréis que yo estoy en mi Padre, y vosotros en mí, y yo en vosotros". (Juan 14:20)

Es una afirmación paradójica que invita a reflexionar: ¿Cómo puede Jesús estar en el Padre? ¿Cómo pueden todos estar en Cristo? ¿Cómo puede Cristo estar en todos? ¿Cómo pueden estas tres afirmaciones ser ciertas al mismo tiempo? La respuesta es: no hay "fuera" ni "dentro" en el Reino. Todo es uno y está conectado con todo y con todos en el Universo. Esto significa que la idea de estar fuera de Dios es una ilusión. Nada puede estar fuera de Dios si Él es "Aquel en quien todos viven, se mueven y existen". (Hch. 17:28)

La única manera en que alguien podría estar "fuera" de Dios sería dejando de existir. Sin embargo, Pablo afirma que "nada separará jamás del amor de Dios... ni siquiera la muerte". (Rom. 8:38)

Por lo tanto, si Cristo está en el Padre, y si todos están en Cristo, y si Cristo está en todos... y también en el Padre, entonces todos están en Cristo y en el Padre, y ellos están en todos. Dicho de otro modo: El Reino está dentro de cada uno y también fuera de cada uno.

Entonces, ¿cómo se entra en ese Reino? Aquí, Jesús parece indicar que no es necesario entrar en el Reino porque no está "en algún lugar allá" o "allá afuera". No es un lugar o un destino al que deba viajarse o alcanzarse. Más bien, ya se está dentro del Reino y el Reino ya está dentro de cada uno.

Reconocer que los conceptos de "dentro/fuera" o "aquí/allí" son ilusiones es lo que hace la diferencia. Una vez que se cambia la forma de pensar—literalmente, en griego, metanoia—de repente se ve la Verdad de la realidad tal como es. Cristo lo es todo y está en todo.

Otra forma de verlo es que el Reino es todo lo que existe. No hay nada que no sea el Reino. No hay ningún lugar donde el Reino no esté. Por lo tanto, es imposible que alguna vez no se esté en el Reino, a menos que no se perciba que el Reino está en todas partes.

Existen otros dichos en el Evangelio de Tomás (por ejemplo, el número 22), en los que Jesús expone este mismo punto de diferentes maneras. El segundo párrafo de este dicho solo amplía esta misma idea: "Cuando lleguéis a conoceros a vosotros mismos, entonces seréis conocidos...". En otras palabras, una vez que se tome conciencia de que se está en Cristo, de que Cristo está en cada uno, y también en todos los demás, se reconocerá plenamente la identidad propia como Hijo de Dios. Se empezará a ver a todos los que rodean como miembros de la misma Familia de Dios.

En esta parte final del dicho se establecen dos contrastes. Los que se conocen a sí mismos "son Hijos del Padre Viviente", pero los que no se conocen a sí mismos "son... pobreza". Al principio, puede sentirse la tentación de pensar que se trata de otra dualidad: o se vive en Cristo o se vive en la pobreza. Pero ese es un enfoque equivocado. Como Jesús ya ha dicho, los conceptos de "dentro/fuera" son falsos. La realidad es que todos ya moran en el Reino. ¿Por qué? Porque el Reino ya está dentro y fuera de cada uno. Así funciona el Reino: trasciende y penetra toda la realidad. Por tanto, no es posible estar "en Cristo" o "fuera de Cristo" porque Cristo es "todo y en todos" y porque Cristo está en cada uno, en el Padre, y tanto el Padre como Cristo están en todos. Esta es la verdad, se vea o no.

Por lo tanto, la idea de que uno habita en el Reino o no es una ilusión. Todo el mundo ya está en el Reino. La única diferencia es que algunos aún no son conscientes de ello. Por eso, primero se debe comprender la naturaleza de este Reino: Está en todas partes, y todo el mundo está rodeado y lleno de él, siempre.

Lo que ayuda a despertar esta realidad es "conocerse a sí mismo", como dice Jesús aquí. ¿Por qué? Porque conocer la identidad propia como Hijos amados de Dios es reconocer la Unidad inseparable con Dios. Una vez que se comprende quién es uno y quién es Dios, se toma conciencia de esta gloriosa verdad: "Se está lleno de la plenitud de Aquel que lo llena todo en todos los sentidos." (Ef. 1:23)

Aquí es donde la realidad del Reino se manifiesta. Es entonces cuando se entiende que se está—y siempre se ha estado—en Tierra Santa. Cada uno lleva el Reino dentro. Todos portan el sello de Cristo. Cada átomo y cada molécula del Universo están impregnados de la gloria de Dios. No hay ningún lugar ni nadie separado de Dios. La separación es una ilusión. Es hora de despertar del sueño de un Reino dividido, o de una humanidad alejada del Creador. Hasta que no se acepte plenamente que el Reino está en todas partes, y que las nociones de "Dentro/Fuera" son ilusiones, no será posible ver el Reino ni realizar plenamente la verdadera identidad como Hijos e Hijas de Dios.

La capacidad de ver el Reino, la conciencia de quiénes son todos en la esencia del ser, está fundamentalmente ligada a la comprensión de que la dualidad es un concepto falso. Mientras se continúe aferrado a este concepto erróneo de separación entre uno y Dios, o entre uno y otras personas, se permanecerá ajeno a la realidad del Reino de Dios y ciego a la propia identidad como Hijos de Dios.

La Inocencia iluminada

Jesús dijo: "El anciano en sus días no vacilará en preguntar a un niño de siete días sobre el lugar de la vida, y vivirá. Porque muchos que son primeros se convertirán en últimos, y llegarán a ser uno y lo mismo."

A primera vista, esta declaración puede parecer ilógica. ¿Por qué un hombre mayor haría una pregunta a un recién nacido? ¿Esperaría una respuesta? ¿Cómo podría un bebé responder? ¿Qué sentido tiene esto?

Sin embargo, como ocurre con la mayoría de los dichos de Tomás, hay algo más de lo que aparenta. Aquí se observa una combinación de un dicho conocido de los Evangelios Sinópticos con otros exclusivos de Tomás. Aunque estos nuevos dichos no difieren mucho de otros ya conocidos, parecen transmitir las mismas ideas fundamentales.

Comencemos con:

"...El anciano en sus días no vacilará en preguntar a un niño de siete días sobre el lugar de la vida, y vivirá".

En este dicho, Jesús hace eco de un pasaje del Evangelio de Mateo que dice:

"Llamó a un niño y lo puso en medio de ellos. Y les dijo: 'En verdad os digo que si no cambiáis y os hacéis como niños, no entraréis en el Reino de los Cielos. Por eso, el que adopte la posición humilde de este niño es el mayor en el reino de los cielos.'" (Mt. 18:2-4)

Ambos dichos sugieren que, como adultos, hay mucho que aprender de los niños. La "sabiduría madura" parece insignificante en comparación con la profunda sabiduría que reside en el corazón de cada niño.

En el dicho de Tomás, es el anciano quien debe preguntar a un recién nacido sobre el verdadero significado de la vida. Incluso un bebé de solo siete días, que no puede hablar ni entender la pregunta, de alguna manera ya posee la respuesta al misterio de la vida.

Entonces, ¿cuál es esa sabiduría infantil que se debe recordar? ¿Por qué se ha olvidado? ¿Cómo se ha perdido esta profunda magia que aparentemente se nace conociendo?

La intuición sugiere que es el hombre mayor y más sabio quien posee las llaves del conocimiento para explicar de qué se trata la vida, no el niño, ni el bebé débil e indefenso que apenas puede hacer algo más que comer, dormir, llorar y hacer caca. Sin embargo, este parece ser el punto central: el niño sabe todo lo que necesita saber simplemente "siendo" él mismo. No requiere nada más.

Respira. Duerme. Come. Llora. No hay nada más que hacer que simplemente estar vivo y descansar en el momento presente. Los bebés no se lamentan por el pasado ni se preocupan por el mañana. Simplemente existen en el eterno ahora de cada momento tal como se presenta. Jesús sugiere que se debe hacer lo mismo si se quiere experimentar la vida del Reino de Dios.

¿Y qué hay de la segunda parte de este dicho? Veámoslo:

"Porque muchos primeros llegarán a ser últimos, y llegarán a ser uno y lo mismo."

Al principio, podría pensarse que ya se entiende hacia dónde se dirige este dicho. Podría sentirse la tentación de concluir la primera parte de esta frase con "...y los últimos serán los primeros", como en el conocido dicho de Marcos 10:31, donde Jesús dice: "Pero muchos de los primeros serán los últimos, y los últimos, los primeros."

Sin embargo, en Tomás, Jesús da un giro inesperado y concluye el pensamiento sugiriendo que tanto los primeros como los últimos "llegarán a ser uno y lo mismo". ¿Qué significa esto?

Como pronto se verá, los dichos de Tomás abordan principalmente la ilusión de la separación y la realidad de la Unidad. Por lo tanto, no es sorprendente que Jesús quiera que se entienda que tanto el primero como el último... y el anciano y el niño... "se han convertido en uno y lo mismo". Esto se debe a que no existe separación entre ninguno. Pensar en términos de "primero y último", "viejo y joven", "blanco o negro", "hombre o mujer", es absurdo para quien comprende que todos están en Cristo y Cristo está en todos.

Cuando Jesús dice: "Aquel día os daréis cuenta de que yo estoy en mi Padre, y vosotros en mí, y yo en vosotros" (Juan 14:20), no se refiere solo a sí mismo, sino a todos, incluyendo a cada uno. Así que, una vez que se comprenda plenamente la conexión con Cristo y la conexión de Cristo con el Padre, podrá decirse sinceramente: "Ese día se dará cuenta de que (su nombre) está en el Padre, y usted está en (su nombre), y (su nombre) está en usted". (Insértese aquí el propio nombre para lograr el máximo efecto).

Al principio, esto puede parecer una blasfemia, pero solo si aún no se comprende plenamente este concepto. Si Cristo está en el Padre, y si uno está en Cristo, y si Cristo está en uno, ¿no se deduce entonces que uno está en el Padre, y que Cristo está en sí mismo, y que uno (y todos los demás) están los unos en los otros (porque todos son uno en Cristo)?

Solo tiene sentido afirmar que "Cristo es todo y está en todos" si todos están en Cristo, Cristo está en todos, y todos están conectados unos con otros por la unidad con el mismo Cristo.

Unidos en la verdad

Jesús dijo: "Conoce lo que tienes frente a ti y lo que está oculto se te revelará. Porque no hay nada oculto que no se manifieste."

Este dicho puede resultar familiar, evocando un mensaje similar de Jesús en el Evangelio de Marcos (4:22) o en el Evangelio de Lucas (8:17), que dice:

"Porque no hay nada oculto que no sea revelado, ni nada escondido que no sea conocido o sacado a la luz."

En estas dos referencias de los Evangelios del Nuevo Testamento, la interpretación—como suele enseñarse en muchos entornos evangélicos—es que Jesús se refiere a una revelación post-mortem donde los actos pecaminosos saldrán a la luz en el Día del Juicio.

Sin embargo, al examinarlo más detenidamente, esto no parece ser el caso. Al desprenderse del contexto más amplio y analizar el dicho de Lucas 8:16-18, parece que la verdad está destinada a ser revelada de la misma manera que la luz ilumina una habitación oscura:

"Nadie enciende una lámpara y la esconde en una vasija de barro o la pone debajo de la cama. Al contrario, la colocan sobre un candelero para que los que entren puedan ver la luz. Porque no hay nada oculto que no pueda ser revelado, ni nada escondido que no pueda ser conocido o sacado a la luz. Por tanto, prestad atención a cómo escucháis. Al que tiene se le dará más; y al que no tiene, aun lo que cree tener se le quitará."

Así, quizás las conexiones entre los dichos de Jesús en Tomás y los ecos de Marcos y Lucas no estén tan alejadas como podría pensarse inicialmente. Por el contrario, el versículo de Tomás se refiere más bien a la paradójica realidad del Reino de Dios, que está tanto oculto como a la vista.

Como se ha visto en frases anteriores de Tomás, Jesús a menudo contrasta el mundo físico circundante con una realidad espiritual que suele ser ignorada. Este mundo espiritual es tan o más "real" que el mundo material que puede probarse, tocarse, sentirse y verse.

Si el Reino de Dios está dentro y alrededor, entonces está "justo delante". Pero si se es ciego a esta percepción, aunque sea Cristo a través de quien todos viven, se mueven y existen, esta verdad está "oculta".

Como el pez que pasa la vida buscando agua, se es como aquellos que buscan constantemente una experiencia más profunda de Dios, mientras ignoran la ineludible presencia divina en la que todos están inmersos, todo el tiempo.

Si se cree que la realidad trascendente de la presencia eterna y duradera de Dios es algo que debe buscarse, encontrarse o alcanzarse, se seguirá siendo ciego ante lo que se tiene justo delante...

Pero, si se logra captar la noción de que se está lleno de la plenitud de Cristo, que lo llena todo en todos los sentidos, entonces—y solo entonces—los ojos se abrirán para darse cuenta de que la conexión con Dios nunca ha sido algo que debiera descubrirse fuera de uno mismo.

Es como deambular por la casa buscando las gafas cuando ya se tienen sobre la cabeza. O como buscar el móvil en la oscuridad con la linterna que se lleva.

Hasta que no "se reconozca lo que está frente a uno, lo que está oculto nunca se hará claro". Pero una vez que se acepte la realidad de la Unidad eterna de Dios con todas las cosas, se verá la verdad sobre uno mismo y se abrazará plenamente el tesoro que se ha estado buscando todo el tiempo; un tesoro que ya pertenece—uno que nunca podrá perderse.

Así que, volviendo a los pasajes paralelos de Marcos y Lucas (más arriba), puede verse cómo en realidad no están tan alejados el uno del otro:

"Porque no hay nada oculto que no haya de ser revelado, ni nada escondido que no haya de ser conocido o sacado a la luz. Por eso, prestad mucha atención a lo que escucháis. Al que tiene se le dará más; y al que no tiene, aun lo que cree tener se le quitará."

Estos pasajes parecen encajar de una manera que quizás no se consideró inicialmente. La afirmación de que todo lo oculto, de una forma u otra, acabará revelándose, es inevitable. Pero para aquellos que tengan ojos para verlo ahora, el secreto puede conocerse más pronto que tarde.

Aquellos que escuchen atentamente estas palabras de Jesús tal vez vean lo que ha estado oculto y comprendan lo que ha estado escondido. Y, si empiezan a ver y comprender, su entendimiento solo aumentará; "A quien tenga se le dará más", pero a los que no lo vean ni lo comprendan, "aun lo que creen tener (entendimiento), se les quitará".

Este "arrebato" de comprensión no debe verse como un castigo o una reprimenda de Dios. Simplemente indica que, para muchos, la observación de la realidad presente del Reino puede escaparse si no "se considera cuidadosamente cómo se escucha" lo que Jesús está tratando de mostrar.

Una vez que "se entiende", no puede perderse. Pero si no se ve lo que se tiene delante de las narices, se perderá todo el sentido. Se seguirá buscando y luchando por lo que ya está vivo dentro de cada uno: La presencia interior de Cristo.

El velo celestial

Le preguntaron a Jesús: "¿Desea usted que ayunemos? ¿Cómo deberíamos orar? ¿Daremos limosna? ¿Qué tipo de dieta seguiremos?" Jesús contestó: "No mientan ni realicen acciones que detesten, porque todo está visible ante el cielo. Nada que esté oculto permanecerá escondido, y todo lo que se cubre será revelado."

De manera similar a lo expuesto anteriormente, Jesús responde a esta inquietud de una forma algo diferente a la que se encuentra en los Evangelios del Nuevo Testamento.

Por ejemplo, en el Evangelio de Mateo, Jesús aborda prácticas piadosas como estas en el capítulo 6, tratando la limosna (v. 2-4), la oración (v. 5-6) y el ayuno (versículos 16-18). En ese contexto, exhorta a sus seguidores a dar limosna en privado y no públicamente, a orar de manera íntima y no exhibir sus oraciones, y a ayunar sin que sea evidente para los demás. No les indica que no deben realizar estas acciones, sino que, si deciden hacerlo, deben evitar que estas prácticas se conviertan en una muestra de su piedad. Su preocupación parece centrarse más en las motivaciones detrás de dar limosna, rezar o ayunar, invitando a una introspección antes de emprender tales actos religiosos.

En contraste, en el Evangelio de Tomás, su enseñanza secreta a su círculo más cercano va un paso más allá. En este dicho, Jesús insta nuevamente a sus discípulos a reconsiderar su deseo de dar limosna, ayunar u orar en absoluto. Al comenzar su respuesta con "No mientan y no hagan lo que detesten", está cuestionando las motivaciones y desafiando la idea de que el sufrimiento y la abstinencia de comida o placer son lo que Dios espera de la humanidad.

¿Por qué? Porque, como ya se ha visto en este Evangelio, a Jesús le importa más que se entienda la falacia de la separación entre Dios y la Humanidad. Si, en el núcleo del ser, ya se está conectado con Dios, no tiene sentido ayunar para atraer la atención divina. No hay necesidad de suplicar a Dios en la oración. Dios ya vive y respira dentro de cada uno.

Este reconocimiento debilita las prácticas religiosas del ayuno, la oración y la limosna como medios para ganarse el favor de Dios. Dios desea que se descanse en la realidad de la conexión inseparable con Él; que se comprenda la Unidad con Dios y que se viva la vida desde esa perspectiva.

Este dicho está en plena sintonía con mensajes similares que Jesús ofrece en el Nuevo Testamento. Por ejemplo, justo antes de enseñar a sus discípulos el "Padre Nuestro" en Mateo, Jesús les asegura (y nos asegura a todos) que Dios nos ve, nos escucha y conoce nuestras necesidades antes de que se las pidamos. Esto establece el contexto para las oraciones: Dios no está lejos. El Reino de Dios está dentro.

Por ello, las oraciones pueden ser silenciosas, privadas e íntimas, simplemente porque Dios ya habita en el interior. La separación de Dios es una mentira. La unidad con Dios es el fundamento de la fe.

Esta es también la razón por la que Jesús enseña a rezar "Padre nuestro", a preocuparse por "el pan de cada día" y a asegurarse de que todos los miembros de la comunidad reciban el perdón por "las ofensas". Jesús anima a ello porque todos están conectados unos con otros, al igual que todos están inseparablemente unidos con el mismo Dios que reside en el interior.

Esta conexión con Dios y con los demás se repite en numerosas ocasiones tanto en el Antiguo como en el Nuevo Testamento. Por ejemplo, el concepto de Shalom en las escrituras hebreas enseña que hasta que todos en la comunidad no tengan suficiente comida, cobijo, ropa y seguridad, nadie posee verdaderamente shalom. Hasta que todos experimenten la misma paz, nadie la tiene realmente, porque todos son uno en Cristo (como explica el apóstol Pablo), y ya no hay espacio para nociones de nosotros/ellos, judío y gentil, esclavo o libre, joven o viejo, rico o pobre, etc.

Esta es también la razón por la que Jesús puede afirmar en Mateo 25 que todos serán juzgados en una simple escala: ¿Se han amado los unos a los otros? Esta pregunta se formula explícitamente bajo la premisa de que todos están conectados a Cristo y, por ende, entre sí, como cuando Jesús dice: "Todo lo que hicisteis por el más pequeño de ellos, a mí me lo hicisteis."

El amor hacia los demás es equivalente al amor hacia Cristo. El amor propio es amor hacia los demás, y el amor a Cristo se manifiesta en cómo se ama a quienes están inseparablemente imbuidos de Cristo, al igual que uno mismo.

En otras palabras, todo está conectado. Todo el mundo está en Cristo. Por lo tanto, estas preguntas sobre "¿debemos rezar, dar limosna o ayunar?" son cuestionamientos erróneos. Presuponen que Dios está distante, que solo se puede llamar su atención mediante estas prácticas. En cambio, como Jesús exhorta aquí en Tomás (y también en Mateo, Marcos, Lucas y Juan), debería comenzarse reconociendo que Dios ya está dentro y que ya se es uno con todos los demás. Una vez que se comprenda esta conexión, se entenderá que cuidar de los pobres no es una tarea. Será como alimentarse cuando se tiene hambre, vestirse cuando se tiene frío o darse refugio cuando no se tiene hogar. Rezar no es intentar atraer la atención de Dios. Se trata de reconocer que ya se está rodeado por la presencia de Dios y dedicar tiempo a colaborar con Él en las necesidades de la comunidad. Ayunar no consiste en renunciar a la comida para obtener el favor de Dios, sino en compartir la comida con los hambrientos y satisfacer las necesidades de Cristo, quien está encarnado en todos los que se ven.

Para aclarar, Jesús no está ordenando que se deje de rezar, dar limosna o ayunar. En absoluto. Más bien, Jesús desea que se reconozca que las motivaciones para estas prácticas a menudo se basan en falsas suposiciones de separación y dualidad. Quiere que se dé cuenta de que los actos religiosos piadosos realizados bajo este engaño no acercarán a Dios ni al Reino. En todo caso, estas supuestas disciplinas espirituales solo impedirán ver el Reino, dificultando la experiencia de la presencia de Dios mientras se practiquen desde perspectivas poco útiles.

Así que lo primero que debe hacerse es dar un paso atrás y recordar que Dios siempre está vivo en el interior, que siempre se es uno con Cristo y que no hay necesidad de luchar por esas cosas.

El León y el Hombre

Jesús afirmó: "Bienaventurado el león que se convierte en hombre cuando es consumido por el hombre; y maldito el hombre que es devorado por el león, y el hombre se transforma en león."

Aunque ya se ha analizado este dicho en la introducción, es pertinente revisarlo nuevamente debido a su importancia fundamental para desentrañar el misterio del significado de los demás dichos en el Evangelio de Tomás.

Es crucial recordar que esta bienaventuranza, de otra manera incomprensible, utiliza las metáforas del león y la bestia de Platón para representar el ego. Mediante esta metáfora, se explica cómo el Verdadero Ser—el hombre en este caso—puede ser consumido por el ego (el león) o encontrar una manera de dominarlo para convertirse en el Verdadero Ser.

En el mundo occidental actual, el individuo se considera la máxima expresión de la humanidad, y la individualidad se valora como el aspecto más importante del ser, que debe cuidarse, desarrollarse y protegerse. Muchos buscan el verdadero significado en la expresión de su yo interior y tienden a ver la falta de individualidad como sinónimo de opresión y subyugación. Se podría decir que, para estar plenamente vivo, uno debe ser autosuficiente, seguro de sí mismo, autorrealizado y autoexpresivo. Cualquier otra cosa no solo es inaceptable, sino incluso algo bárbaro y retrógrado.

Sin embargo, es importante aclarar que una mentalidad centrada en el ego también está completamente inmersa en la suposición de la separación y la división. Surge entonces la pregunta: ¿existe alguna manera de reconciliar estas nociones aparentemente contradictorias de la Unidad y el Yo Verdadero sin violar la libertad individual, la autoexpresión y la realización emocional? La respuesta parece ser un "Sí" absoluto, aunque puede ser necesario redefinir algunas suposiciones sobre el Verdadero Ser y la realidad de la Unidad a la que Jesús se refiere en este dicho.

El reto consiste en comprender el Verdadero Yo sin que la individualidad radical del ego se interponga en el camino. El objetivo no es que nadie sienta que su identidad se disuelve a través de la realización de la Unidad y la Conectividad con Cristo y todo ser viviente en el Universo. Por el contrario, la conciencia y expresión únicas del Cristo interior son necesarias para que la totalidad del Cristo despierte plenamente. No hay Cristo sin el Cristo interior, ni "Esperanza de Gloria" sin que el Cristo cobre vida.

Al darse cuenta de que no se es un individuo separado que contiene una parte de Cristo, sino que todos somos el Cristo Uno, esta comprensión debería expandir y ampliar el sentido del Ser, no disminuirlo. No se es una pequeña caja que contiene un fragmento de Cristo; se es la plenitud de Cristo realizada en cada uno, entretejidos, interconectados y entrelazados, y aun así, todos juntos, uno en Cristo.

Este es el gran misterio del que Pablo habla a menudo. Si se intenta conceptualizar la Unidad con Cristo de manera binaria o dualista, como si Cristo fuera una serie de muñecas rusas, se notará rápidamente que esta analogía se desmorona. Esto es especialmente cierto al intentar usar la metáfora de la muñeca nido para descifrar afirmaciones como: "Aquel día os daréis cuenta de que yo estoy en mi Padre, y vosotros estáis en mí, y yo estoy en vosotros" (Juan 14:20).

No tiene sentido conceptualizar a Jesús como estando dentro del Padre y al mismo tiempo estar dentro de Jesús en un sentido físico. No se puede representar este concepto mediante un diagrama en un papel o colocando tres objetos uno dentro del otro simultáneamente. Por lo tanto, la única manera de entender estos conceptos es trascender la realidad física y abrazar una realidad paradójica, donde de alguna manera, todo puede estar dentro de todo mientras todo está dentro de todo.

Para comprender lo que dice Jesús en el Evangelio de Tomás o en cualquier otro lugar, primero se debe comenzar con el concepto de no dualidad. Una vez que se entiende que el Yo Verdadero no es una persona individual separada, se puede comprender cómo llegar a ser el Yo Verdadero—que está en Cristo, como Cristo está plenamente en todos y en todo—capacita para encontrar verdaderamente la confianza en uno mismo, la autoexpresión, la autosuficiencia y la autorrealización en Cristo, que es el Yo Verdadero de todos al mismo tiempo.

Si el Verdadero Ser no es otro que el Cristo que lo llena todo en todos los sentidos, ¿cómo podría dejar de celebrarse la propia expresión única del Cristo en uno mismo o en los demás? Este dicho recuerda que el ego es una falsa expresión del yo que opera en una ilusión de separación. Este león intenta consumir y devorar al hombre desde dentro. Una vez que esto sucede, la conciencia del Verdadero Yo—que es Uno con Cristo y con todas las cosas y todos los demás—se desvanece.

Jesús quiere que se reconozca que la identidad solo puede encontrarse en la conciencia de que todos están llenos de la plenitud de Cristo, y que el ego es una peligrosa realidad falsificada que eleva el yo sin comprender la verdad sobre la conexión inseparable con todas las cosas, en todas partes. Otra interpretación del dicho en el Evangelio de Tomás es: "Bendito es el ego que se convierte en el Verdadero Yo en Cristo cuando es consumido por el Cristo... y maldito es el Verdadero Yo que el falso ego consume". El ego eclipsará el Verdadero Ser, que solo se encuentra en Cristo, o el Cristo consumirá el ego egoísta e individualista. No hay otros resultados posibles.

Platón y Jesús

Anteriormente, se examinó cómo este dicho ayuda a desentrañar el tema de la Unidad y la ilusión de separación en los dichos de Jesús dentro del Evangelio de Tomás. La pista principal es la inclusión de una sección de la "República" de Platón en los textos de Nag Hammadi, que explica este dicho como un contraste entre el Hombre (Yo Verdadero) y el León (Yo Ego).

No está claro si Jesús conocía las metáforas de Platón antes de hacer esta afirmación. Sin embargo, se sabe que la "República" de Platón era ampliamente conocida en el siglo I. Por lo tanto, quienes mantenían conversaciones filosóficas o metafísicas en aquella época seguramente tenían al menos un conocimiento básico de las ideas de Platón en este sentido. Además, quienes ocultaron los textos de Nag Hammadi demostraron un conocimiento profundo, evidenciado por la inclusión de esta sección exacta de la "República" junto al Evangelio de Tomás y otros textos gnósticos que reflejaban las mismas ideas.

Este dicho no afirma específicamente la no dualidad o la ilusión de separación, pero ofrece una comprensión de la lucha interna entre el Verdadero Yo y el Falso Yo proyectado por el ego. Sin embargo, al examinar el propio "yo ego", se puede dar cuenta de que se alimenta de la ilusión de separación y dualidad. El ego se exalta y promueve a sí mismo en contraste con los demás. La separación es un elemento esencial de la conciencia del ego; es decir, el ego no puede sobrevivir en un entorno de Unidad y Conexión. Por lo tanto, el ego lucha contra tales nociones, negando cualquier versión de la realidad que requiera la elevación de otros a un estatus igual.

Así, como dice Jesús, el ego que se transforma por el Yo Verdadero, o que es "consumido por" el Yo Verdadero, es bendito. En cambio, la persona cuyo Yo Verdadero es consumido por el ego es maldita. Las opciones son bastante limitadas: o se reconoce que el Ser Verdadero es Uno con Cristo y, por lo tanto, con todos y todo en el Universo, o se continúa abrazando la ilusión de separación y se alimenta la creencia del ego de que se es el centro del propio Universo.

Un camino conduce a la bendición y el otro a la maldición. Se debe aceptar la enseñanza oculta de Jesús que libera de esta ilusión o permanecer consumido por el propio ego, viviendo separado—en la mente—de Dios y de los demás. Una vez que el león del ego es consumido por el Yo Verdadero—que es Cristo—se libera de la ilusión, y el ego se transforma en el hombre bendito que comprende que Cristo es todo y está en todo (Col. 3:11).

Al reconocer que Cristo está en el Padre, y que se está en Cristo y Cristo está en el interior (Juan 14:20), se puede comenzar a responder a la oración de Jesús: "Te ruego que todos sean uno, como tú y yo somos uno: tú en mí, Padre, y yo en ti. Y que ellos estén en nosotros para que el mundo crea que tú me enviaste" (Juan 17:21). Una vez consumidos por esta realización, la transformación interior apenas ha comenzado, pero es precisamente esta transformación la que rehace el mundo para que todas las cosas vuelvan a ser nuevas.

El Pescador Prudente

Jesús dijo: "Ese hombre es similar a un pescador sensato que arrojó su red al mar y la extrajo repleta de pececillos. Entre ellos, el pescador sensato halló un pez grande y bello. Entonces, devolvió al mar todos los pececillos y escogió sin vacilación el pez grande. Quien tenga oídos para escuchar, que escuche."

Como en muchas otras parábolas de Jesús, tanto en el Evangelio de Tomás como en los demás Evangelios del Nuevo Testamento, la "sabiduría" de la historia se esconde en la aparente insensatez de lo que sucede en la narración.

Nadie describiría al pescador de esta parábola como "sabio". Sus acciones serían consideradas completamente imprudentes por todas las personas, ya que un pescador sabio conserva la enorme captura de peces que colma su red, descartando solo los peces más grandes e impuros que carecen de valor y no son comestibles. Por lo tanto, surge la pregunta: ¿por qué Jesús narraría una historia sobre un hombre necio que evidentemente desconocía el arte de la pesca y luego describiría al pescador como "sabio"? Este es, sin duda, el meollo del asunto. Jesús desea que sus seguidores reflexionen profundamente, mediten sobre la historia e investiguen la parábola para comprender por qué tal insensatez es sabiduría y por qué tal sabiduría parece insensatez.

Esta es la misma lógica inversa que se encuentra en la Parábola del Buen Pastor, donde Jesús relata cómo un pastor abandonó a 99 de sus ovejas desprotegidas en el campo para buscar a la única oveja extraviada (Lucas 15:3-7). La audacia de las acciones en ambos relatos pretende desafiar la sabiduría convencional y provocar en los oyentes la reevaluación y el replanteamiento (metanoia) de todo lo que creían saber sobre el Reino de Dios.

Es evidente que ningún "Buen Pastor" abandonaría a todo su rebaño para garantizar la seguridad de un animal extraviado, ni ningún "Pescador Sabio" descartaría toda una red de numerosos peces para capturar un pez grande que, al menos para la mayoría de los pescadores judíos, carecería de valor. En aquella época, los peces más grandes de la región de Palestina habrían sido considerados impuros para los practicantes de la fe hebrea. Por lo tanto, la mayoría de las personas que escucharan a Jesús pronunciar estas palabras se habrían sentido muy desconcertadas por esta parábola. Sin embargo, oculta en esta parábola controvertida y aparentemente absurda, hay una profunda verdad por descubrir.

Jesús afirma que el "Pescador Sabio" busca la Verdad Única y no se distrae con la ilusión de separación en los múltiples peces. Para el sabio, no existen "muchos peces", solo hay "un gran pez", y esta comprensión vale más que la ilusión. Para aquellos que no tienen ojos para ver, este pescador no es sabio; solo valoran a los "muchos" peces individuales y no pueden concebir rechazar este concepto. Para ellos, elegir uno en lugar de muchos es una locura. Sin embargo, Jesús les narra esta parábola específicamente para desafiar sus suposiciones y sugerir un rechazo de los muchos en favor del uno.

Al igual que en el dicho anterior, Jesús utiliza aquí "el hombre" en referencia al Yo Verdadero. El Yo Verdadero no es consumido por el león del ego. Por el contrario, el Yo Verdadero (el hombre) posee la sabiduría de rechazar la noción sin valor de la separación individual en favor de la realidad de la Unidad. Por lo tanto, la elección para nosotros es la misma: Jesús nos insta a elegir el uno sobre los muchos y a abrazar la Verdad Única del Evangelio en lugar de la ilusión de la separación.

El Sembrador y la Abundancia Divina

Jesús dijo: "Un sembrador salió, tomó un puñado de semillas y las esparció. Algunas cayeron en el camino; las aves vinieron y las devoraron. Otras cayeron en terreno pedregoso, no echaron raíces y no produjeron espigas. Otras cayeron entre espinos, que ahogaron las semillas y las consumieron los gusanos. Y otras cayeron en tierra fértil y produjeron fruto: sesenta por una medida y ciento veinte por otra."

En esta parábola, encontramos otro ejemplo de una historia que, para los oyentes de la época de Jesús, podría haber parecido muy simple. ¿Por qué? Porque los agricultores nunca toman un puñado de semillas y las lanzan al azar mientras caminan por el sendero. No cultivan de esa manera. De hecho, si se aspira a ser un agricultor exitoso, lo último que se debe hacer es esparcir semillas indiscriminadamente en todas direcciones. Es una receta para el fracaso.

Sin embargo, en esta parábola, Jesús representa deliberadamente al sembrador como alguien que distribuye las semillas libremente en cualquier lugar y por doquier. El mensaje parece ser que el sembrador no se preocupa por desperdiciar ninguna semilla ni por obtener el mayor retorno de su inversión. Su única preocupación es esparcir la mayor cantidad de semillas en tantos lugares como sea posible. La abundancia de semillas elimina cualquier preocupación por la conservación o la sensación de escasez.

Esta libertad y abundancia impulsan al sembrador a distribuir semillas sin restricciones en todas direcciones. Aunque algunas de esas semillas se convierten en alimento para las aves del cielo y los gusanos de la tierra, ni siquiera esas se desperdician. Proporcionan sustento a esas criaturas por las cuales Dios muestra su conocida preocupación y compasión: las aves que no siembran ni cosechan son alimentadas y cuidadas por su Creador, y ese mismo Dios amoroso también vela por nosotros.

La generosidad del sembrador se recompensa cuando la semilla encuentra un corazón receptivo, un alma que espera y un espíritu fértil que recibe con gratitud las buenas semillas y produce buenos frutos como resultado. En esta parábola, observamos que incluso un pequeño puñado de semillas genera una cosecha excepcional, creando aún más abundancia para todos. En el Reino de Dios no faltan semillas, frutos ni cosechas. Hay suficiente disponible para que todos sean cuidados, provistos y sanados. Incluso las aves y los gusanos son alimentados en el camino.

Se presenta así una imagen de abundancia y plenitud, donde todos reciben las bendiciones de Dios y nadie queda excluido. La generosidad no tiene límites, el amor es infinito y el Reino es una fuente de agua viva que brota dentro del ser y fluye hacia afuera para que todos puedan beber y refrescarse.

El significado de este dicho es que no se debe temer. El ser humano está rodeado de una fuente constante de provisión: un Dios que lo ve, lo conoce, lo cuida y se deleita en proporcionarle el pan de cada día para su cuerpo y su alma. Lo que se debe hacer es confiar en este Dios y descansar en esta verdad. No hay falta de semilla, fruto o pan diario. El ser humano es uno con el Padre, y el Padre es uno con él. Cualquier sensación de separación de Dios es una ilusión, y cualquier miedo a la falta es una mentira.

Una vez que se comprende y acepta esto, también se puede convertir en sembradores que comparten libremente todas las cosas buenas que han recibido del Padre sin temor a que se agoten. Generosidad, abundancia y libertad son las realidades que se abrazan una vez que se entiende la Unidad con Dios. Como Jesús ha dicho en otra parte: "Lo habéis recibido gratuitamente. Dad gratuitamente."

El Fuego Purificador

Jesús dijo: "He encendido fuego en el mundo, y lo mantengo hasta que arda completamente."

A primera vista, podría parecer que Jesús habla del fin del mundo o advierte sobre algún evento apocalíptico futuro. Sin embargo, esto no es así en absoluto.

La clave para comprender este dicho es recordar primero que todo lo que Jesús menciona en el Evangelio de Tomás está relacionado de alguna manera con la ilusión de separación, la unidad y conexión del ser humano con Dios y con todos los demás, o con el cambio de perspectiva necesario para ver la realidad de la unidad con mayor claridad. Este dicho abarca esencialmente todas esas ideas a la vez.

Lo que quiere decir es lo siguiente: Existen dos realidades que compiten entre sí: el mundo real de la unidad y el mundo falso de la separación. En el Evangelio de Tomás, cada vez que Jesús menciona "el mundo", está señalando la falsa realidad, la ilusión que se ha enseñado a creer: una mentira que dice que el ser humano está separado de Dios y unos de otros. Este es el "mundo" al que Jesús ha venido a "encender fuego". No se refiere al Planeta Tierra, sino al "mundo" o la realidad marcada por una ignorancia del Reino en el que todas las cosas existen por, a través de y para Cristo.

Otra forma de expresar lo que Jesús está diciendo en este caso podría ser: "He prendido fuego a todo el sistema mundial que sigue perpetuando la mentira de la separación, y no me detendré hasta que esté completamente consumido."

Jesús es apasionado y celoso de que la gente se libere de las creencias tóxicas que incluso los más religiosos afirman que son la "verdad del Evangelio". Se opone a cualquiera que sugiera que Dios está enfadado con sus hijos o que el ser humano está separado de Dios por alguna razón. Su corazón arde con la furia del amor puro que consume toda mentira que se levanta contra la sabiduría de Dios, un Dios que es amor encarnado.

Una vez que se abraza plenamente esta noción de que el ser humano ya es uno con la Presencia Divina de Dios y siempre lo ha sido, esta conciencia de la conexión eterna con cada una de las demás personas, que también son siempre uno con el mismo Dios, abre los ojos y la falsa realidad que se había construido sobre los cimientos de la división, la separación y la individualidad se consume en las llamas inextinguibles de la verdad.

Cuando la mentira de la separación finalmente se revela, deja de existir. Se desvanece en una nube de humo y todo lo que queda es la realidad misma. Ahora, sobre las cenizas de la mentira que una vez atrapó al ser humano, se ha liberado de la ilusión. Pero, mientras haya otros que sigan esclavizados por esta ilusión, el fuego debe seguir ardiendo. Alrededor, la gente sigue aceptando esta ilusión. Están ciegos a la verdad de la conectividad, como una vez lo estuvo el ser humano. Sufren, como una vez sufrió él, porque creen que Dios está lejos. Lloran porque están convencidos de que su esperanza está "allá fuera", en algún lugar más allá de ellos, incluso cuando la gloriosa presencia de Cristo resplandece dentro de ellos y a su alrededor. Sus lágrimas conmueven. Se conoce su sufrimiento. Se sabe cómo se sienten. Pero el fuego continúa ardiendo. El fuego limpiador, purificador y sanador de Cristo sigue en llamas.

A medida que la oscuridad se expone a la luz de este hermoso fuego que Jesús mismo ha encendido, la realidad se abre paso. Los ojos ciegos se abren, los cojos aprenden a bailar, los perdidos son encontrados y los niños regresan a casa, a un Padre que les espera con los brazos abiertos.

En este dicho, Jesús promete que este fuego arderá hasta que la última mentira sea finalmente, e inevitablemente, borrada, y todo el mundo sea, por fin, liberado de la ilusión.

Lo efímero y lo eterno

Jesús dijo: "Este cielo pasará, y el que está sobre él también pasará; y los que están muertos no están vivos, y los que están vivos no morirán. En los días en que comíais de lo que está muerto, hacíais de ello lo que está vivo. Cuando seáis luz, ¿qué haréis? El día en que erais uno, os convertisteis en dos. Pero cuando seáis dos, ¿qué haréis?"

Es probable que este dicho pueda considerarse en realidad dos refranes en lugar de uno, e incluso se podría argumentar que se trata de tres refranes en uno. En cualquier caso, la primera frase parece referirse al cielo, mientras que la segunda trata sobre las diferencias entre lo que está vivo y lo que está muerto, con una posible tercera frase centrada en lo que ocurre cuando uno se convierte en dos.

Examinemos cada parte de este dicho, analizando una pieza a la vez para intentar comprender lo que Jesús está tratando de mostrar aquí.

En la primera frase, Jesús dice que "este cielo pasará, y el de arriba también pasará". Es importante tener en cuenta que el "cielo" al que se refiere no es una realidad espiritual donde la gente suele imaginar que habita Dios. Sabemos que Jesús no se refiere a eso porque, en todo el Evangelio de Tomás, se recuerda que Dios no está separado de la creación. Por lo tanto, no existe tal cosa como un "cielo" donde Dios existe aparte del resto de la realidad. Esta idea es una ilusión que

Jesús ha venido a erradicar. Así, es posible que, de alguna manera, lo que Jesús quiere decir es que el concepto del cielo como un lugar separado donde Dios habita aparte del ser humano es lo que "pasará" cuando se comienza a darse cuenta de la verdad de la Unidad y conectividad con Dios.

Sin embargo, dado que Jesús añade que "el de arriba también pasará", quizás se deba reconsiderar esa explicación. Es más probable que cuando Jesús se refiere a "este cielo", esté hablando del cielo físico y literal donde vuelan las aves. "El de arriba" se refiere al reino de la luna, el sol y las estrellas que hay sobre el ser humano. Este era el uso común de esos términos, incluso en el Nuevo Testamento.

Cuando Pablo habla de ser llevado al "tercer cielo" (2 Cor. 12:2-4), está dando una pista sobre la mentalidad del siglo I, en la que el primer cielo era el cielo, el segundo cielo era el espacio exterior y el tercer cielo era el reino espiritual donde está Dios Todopoderoso.

Así, cuando Jesús dice que "este cielo" y "el de arriba pasarán", está afirmando que el primero y el segundo son temporales. Por defecto, el tercer cielo, que no se menciona por nombre, es todo lo que perdurará por la eternidad. ¿Por qué? Porque es el único reino que define toda la realidad. Todos y todo—tanto Dios como la humanidad—existen ahora mismo, juntos, como uno solo en este tercer cielo que es todo lo que existe o existirá.

En otras palabras, Jesús está diciendo que el cielo que se ve de día y los cielos que se ven de noche son ilusiones que un día se desvanecerán y dejarán de existir. El reino físico acabará desmoronándose, y lo único que quedará es la realidad última, definida como la Unidad Universal de todas las cosas.

Ahora, veamos el segundo dicho que se encuentra aquí:

"Los que están muertos no están vivos, y los que están vivos no morirán. En los días en que comisteis de lo que está muerto, hicisteis de ello lo que está vivo."

Como ocurre con otros dichos de Jesús en este Evangelio de Tomás, la primera parte de esta afirmación parece dolorosamente obvia. Por supuesto que los muertos no están vivos; por eso están muertos. Pero, ¿por qué sigue Jesús diciendo: "...y los que viven no morirán"? Esa afirmación no parece evidente y, de hecho, es más que un poco confusa. ¿Cómo puede Jesús afirmar que "los que viven no morirán", especialmente cuando se ha experimentado todo lo contrario?

Podría ser que Jesús quiera que se entienda que la muerte, al igual que el primer y el segundo cielo sobre el ser humano, no son verdaderas expresiones de la realidad. Si es así, cuando dice "los que están muertos no están vivos y los que están vivos no morirán", quiere que se considere otra posibilidad: que la muerte es una ilusión, y que los que están vivos (como lo están todos cuando comienzan su experiencia mortal en este mundo) seguirán vivos y no morirán, aunque parezcan muertos por un momento. La ilusión de la muerte, como las ilusiones del cielo y del universo que rodea al ser humano, se desvanecerá un día. Lo que permanecerá es la vida, la realidad de la Unidad eterna con el Creador de todas las cosas y entre los seres humanos.

Jesús concluye este pasaje añadiendo: "En los días en que comisteis de lo que está muerto, hicisteis de ello lo que está vivo." ¿A qué podría referirse esto? ¿Qué significa exactamente "...cuando comíais de lo muerto..."?

Una idea podría ser que se refiere a "los días en que" se creía en una ilusión de muerte y separación de Dios y de los demás. Antes de comprender la verdad de la Unidad y la Conectividad, se comía o consumía "lo que está muerto". Al hacerlo, se "hacía de ello lo que está vivo".

O, en otras palabras, antes se creía una mentira sobre la realidad que engañaba al ser humano haciéndole creer que lo que estaba muerto (falso) estaba vivo (verdadero). En cambio, ahora que se come de lo que está vivo, esto produce vida verdadera, una vida que se basa en la realidad y no en ilusiones.

Quizá por eso Jesús termina esta sección preguntando: "Cuando seáis luz, ¿qué haréis?" Esto parece fluir directamente de la declaración anterior, donde el pensamiento negativo de "comer lo que está muerto" se contrasta con lo que sucede cuando se "llega a ser luz", dándose cuenta de cómo se ha estado viviendo en la oscuridad.

Sin embargo, hay una última cuestión que se debe considerar y que vuelve a las nociones de división y separación. Jesús concluye esta larga frase preguntando:

"El día en que eras uno, te convertiste en dos. Pero cuando te hayas convertido en dos, ¿qué harás?"

Una vez más, Jesús quiere que se cuestione continuamente la percepción de la realidad. El "día en que (se era) uno" es el día en que se nació a la conciencia en esta realidad presente. Desde el principio—e incluso antes del inicio—se era Uno con la Fuente de toda vida. Pero, incluso cuando se respiró por primera vez en esta vida, "se convirtió en dos". Se empezó a creer que la ilusión de la separación era real. Una vez que se ha "convertido en dos", o se ha creído en la mentira de la separación entre Dios y los demás, "¿qué se hará?". La única esperanza es regresar a ese lugar de Unidad original con el Único Dios Verdadero de quien nunca se puede estar separado jamás.

Resulta fascinante la frecuencia con la que pastores y maestros de la Biblia señalan la historia de Adán y Eva en el Génesis como prueba de la separación del ser humano de Dios. Sin embargo, la historia ni una sola vez dice que comer del Árbol del Conocimiento del Bien y del Mal creó una "separación entre Dios y la humanidad". Ni una sola vez. Se lee acerca de cómo fueron separados del Árbol de la Vida en el Jardín, razón por la cual fueron expulsados del Edén. Pero la historia no dice que la humanidad estuviera separada de Dios en ningún momento. De hecho, lo que se lee es que Dios salió del Jardín con ellos, los vistió, los cuidó y veló por ellos, así como antes estaban en el Jardín.

Esa historia también dice que la mentira que la serpiente dijo a Adán y Eva en el Jardín fue que ellos no eran ya iguales a Dios. Al comer del fruto, Eva y Adán aceptaron la mentira de que necesitaban algo fuera de ellos para llegar a ser como Dios. ¿Cómo podían parecerse más a Dios que estando hechos a su imagen y semejanza? ¿Cómo podían parecerse más a Dios que estando llenos del aliento vital de Dios que llenaba sus propios pulmones y vivificados por la presencia residente de Dios?

Hoy, se sufre continuamente este mismo engaño de separación de Dios cada vez que se adopta la idea de que Dios está "allá arriba" y el ser humano "aquí abajo"; que los pecados impiden que Dios se comprometa con el ser humano, lo ame o lo acepte; que Dios está en otro lugar que no sea el propio ser interior.

El ser humano está donde está Dios, y Dios está donde está el ser humano. El ser humano es las manos de Dios, los pies de Dios, la voz de Dios y la presencia de Dios en este mundo; la Encarnación de Cristo, donde Dios habita por Su Espíritu Eterno.

El Sucesor Elegido

Cuando los discípulos preguntaron a Jesús: "Sabemos que pronto nos dejarás. ¿Quién será nuestro líder después de tu partida?", Él respondió: "Dondequiera que se encuentren, sigan a Santiago el Justo, por cuya causa fueron creados el cielo y la tierra".

Los lectores atentos notarán que esta declaración no concuerda con lo leído anteriormente en este evangelio. En primer lugar, no comienza con "Jesús dijo...", como la mayoría de las frases hasta ahora. Aunque esto por sí solo no es suficiente para dudar de su autenticidad, resulta peculiar considerando el patrón establecido.

Además, algunos académicos cuestionan el origen de este dicho debido a la respuesta que da Jesús. En lugar de afirmar algo como: "Nadie será su líder, pues el Reino de Dios ya está dentro de ustedes..." o "Quien requiere un líder o maestro revela que aún está en la oscuridad...", opta por nombrar a otro gurú espiritual para que lo reemplace. Esta elección difiere de otros dichos de esta colección, que apuntan a la sabiduría y verdad interior de todos.

Por estas razones, muchos eruditos no reconocen este dicho como legítimo de Jesús, sosteniendo que probablemente fue añadido posteriormente para que Jesús designara un sucesor en la mente de sus seguidores. A primera vista, este dicho parece fuera de lugar. Por ejemplo, si en el dicho 4 un anciano puede preguntar con confianza a un bebé de siete días sobre su lugar en la vida, ¿por qué alguien necesitaría que otro líder le mostrara el camino a seguir?

Asimismo, como Jesús afirma en el dicho 3: "...(cuando) nos conozcamos a nosotros mismos (nos) daremos a conocer, y nos daremos cuenta de que somos Hijos del Padre Viviente...", ¿por qué necesitaríamos que alguien más nos enseñe otra cosa que la simple verdad de nuestra Unidad con Dios?

Quien insertó este pequeño anuncio para Santiago el Justo claramente no comprendió el resto de las enseñanzas de Jesús hasta este punto en el Evangelio de Tomás. De haberlo hecho, se habría percatado de lo evidente que sería este engaño para todos. Por ejemplo, cuando Jesús intenta elogiar a Santiago el Justo diciendo: "...por (su) causa el cielo y la tierra llegaron a existir", los lectores del Evangelio de Tomás no pueden evitar reírse, sabiendo que tanto "el cielo como la tierra" son ilusiones que Jesús recientemente prometió (como en el dicho 10) serán quemadas con fuego, expuestas como falsas realidades que nos distraen de los verdaderos principios del Reino de Dios.

Dichos posteriores de Jesús en este mismo Evangelio también contradicen la sugerencia de que sus discípulos necesitarían otro líder o maestro para conocer la Verdad. La única forma en que este dicho podría considerarse legítimo sería interpretarlo de manera bastante irónica.

Por ejemplo, supongamos que los discípulos de Jesús realmente insinuaron que sabían que pronto se iría. En ese caso, Él podría haber desafiado su temporal ignorancia u olvido siguiendo el juego de su aparente malentendido de la realidad, sugiriendo que si llegaran a necesitar guía futura, probablemente deberían buscar un maestro vinculado a la ilusión de separación - "cielo y tierra". Entonces, sería mejor que volvieran a su oscuridad.

Por supuesto, Jesús también podría haber respondido a esta pregunta recordándoles que la muerte es una ilusión, o podría haber repetido lo que acababa de decirles en el dicho 11, afirmando que la muerte morirá y los cielos desaparecerán. O podría haberles dicho que no necesitarían a nadie para enseñarles una vez que empiecen a darse cuenta de lo que tienen delante de sus narices, como hizo en el dicho 5. Sin embargo, por alguna razón, Jesús no optó por ninguna de estas respuestas.

Tal vez, en cambio, Jesús les dio la respuesta que esperaban oír, pero en el proceso señaló lo necia de su pregunta, recomendando un maestro cuya "sabiduría" era tan confiable como los cielos que arderán y la tierra que se desvanecerá. Quizás se trate de un dicho real de Jesús que, después de todo, pertenece completamente a este contexto. Cuando sus discípulos hacen una pregunta insensata - "¿Qué haremos cuando te vayas?" - Jesús responde con una respuesta igualmente insensata - "Vayan y encuentren a alguien que crea en la separación si ustedes creen que la separación es real".

Obviamente, la separación no es real. Jesús no los dejará. Él no morirá, y nosotros tampoco. Los cielos y la tierra ciertamente pasarán, pero la realidad de la Unidad y el

Evangelio radical de la Inclusión nunca se desvanecerán. Que aquellos que tengan oídos para oír, escuchen.

Discípulos en contraste

Jesús pidió a sus seguidores: "Compárenme con alguien y díganme a quién me parezco". Simón Pedro respondió: "Eres como un ángel justo". Mateo comentó: "Te pareces a un filósofo sabio". Tomás replicó: "Maestro, realmente no puedo decir a quién te asemejas". Jesús le contestó: "No soy tu Maestro. Has bebido, te has embriagado del manantial burbujeante que he proporcionado".

Luego, Jesús tomó a Tomás, se apartó y le dijo tres palabras. Al regresar con los demás discípulos, estos le preguntaron: "¿Qué te ha dicho Jesús?". Tomás respondió: "Si les revelo aunque sea una de las cosas que me ha dicho, me lanzarán piedras y el fuego de las mismas los quemará".

Algunos expertos dudan de la autenticidad de la segunda parte de esta declaración, ya que no parece ser una frase genuina de Jesús: no se llega a conocer exactamente lo que Jesús habría dicho a Tomás en privado. Por ahora, consideremos la primera parte, que sí parece incluir una enseñanza de Jesús en respuesta a una pregunta de sus seguidores. La cuestión que Jesús plantea es: "Compárenme con alguien y díganme a quién me parezco". Solo tres de sus discípulos responden y cada uno de ellos falla de alguna manera.

Primero, Pedro asocia a Jesús con un "ángel justo". El término "justo" es el mismo que se usó previamente para describir a Santiago el Justo. En otras palabras, Jesús es justo y sabio, al igual que Santiago, un mensajero aceptado por Dios. Sin embargo, Jesús no reacciona ante la afirmación de Pedro, lo que sugiere que su respuesta no es del todo acertada.

En segundo lugar, Mateo compara a Jesús con "un filósofo sabio", colocándolo en la misma categoría que Platón o Sócrates. Nuevamente, Jesús no muestra acuerdo ni desacuerdo, pero su silencio implica que, al igual que Pedro, Mateo no ha dado la respuesta exacta que Jesús esperaba.

Tomás ofrece la última comparación, y aunque podríamos suponer que él daría la respuesta correcta, ya que es el autor de esta colección de dichos, incluso él parece no superar esta prueba al decir: "Maestro, soy totalmente incapaz de decir a quién te pareces".

A lo que Jesús se opone es a la idea de que Él es su maestro o profesor. Su respuesta a Tomás indica que ha sido intoxicado con las revelaciones que Jesús les proporcionó, lo que ha confundido su mente para creer que Jesús es de alguna manera diferente a él. En otras palabras, si Tomás hubiera comprendido verdaderamente el mensaje que Jesús compartía con ellos, habría sabido que nunca podría haber separación entre ninguno de ellos. Tomás no necesitaba un Maestro para conocer la Verdad. La Verdad ya residía dentro de él y de todos los demás.

Sin embargo, al parecer, porque su respuesta se acerca más a lo que Jesús esperaba, Tomás es invitado a acompañar a Jesús para recibir "tres palabras" —o afirmaciones— que los demás no conocen. Esta es la parte que algunos encuentran problemática. Es más una narración y no contiene "dichos" reales de Jesús. Al menos, ninguno que podamos oír.

¿O tal vez realmente escuchamos lo que Jesús le dijo a Tomás? Porque el siguiente dicho de Jesús en este Evangelio de Tomás contiene tres dichos que podrían ser las mismas tres palabras o frases que Jesús susurra a Tomás en este pasaje. Esto es especialmente plausible porque el siguiente dicho comienza con "Jesús dijo...", y específicamente no menciona a ningún otro discípulo en su audiencia como lo hace este.

De cualquier manera, es inusual que Tomás –o cualquier otro discípulo de Jesús– hable en este Evangelio. Teniendo en cuenta que lo que Jesús dice aquí es una admisión de la naturaleza herética de sus enseñanzas, uno podría preguntarse si este segundo párrafo podría haber sido añadido por alguien que buscaba desacreditar las palabras de Jesús que se encuentran en este libro. En otras palabras, ¿por qué Tomás admitiría que lo que Jesús le dice es digno de ser apedreado hasta la muerte por los propios discípulos? No son los fariseos ni las autoridades judías quienes intentan lapidar a Tomás por repetir lo que Jesús le dijo, sino Pedro, Mateo y los demás discípulos. Esta distinción diferencia a Tomás, y al Jesús que conocemos en su Evangelio, de otras figuras apostólicas y, presumiblemente, del resto de lo que terminó convirtiéndose en el cristianismo ortodoxo.

Por un lado, estos aspectos del dicho 13 podrían ser simplemente una admisión de la tensión entre dos facciones ya contrastadas dentro del cristianismo de esta época, una división de principio que no dejaría de profundizarse y ampliarse a lo largo de los siglos. Pero, por otro lado, este dicho podría muy bien haber sido añadido de manera subversiva a este texto, con la intención de cuestionar lo que leemos en este mismo Evangelio.

También debemos mencionar algo sobre lo que Jesús le dice a Tomás en la primera frase de arriba: cómo se ha "...embriagado del manantial burbujeante que (Jesús) ha proporcionado". Esta metáfora de un manantial burbujeante se acerca tentadoramente a la proclamación que Jesús hace el último día de la Fiesta de las Cabañas en Juan 7:37-38:

"Si alguno tiene sed, que venga a mí y beba. El que cree en mí, como dice la Escritura, de su corazón brotarán ríos de agua viva."

Asimismo, nos recuerda la sorprendente promesa que Jesús hace a la mujer samaritana junto al pozo en Juan 4:13-14:

"Todo el que beba de esta agua volverá a tener sed, pero el que beba del agua que yo les doy no tendrá sed jamás. De hecho, el agua que yo les doy se convertirá en ellos en un manantial de agua que brotará hasta la vida eterna."

En cada caso, Jesús habla de un río o de un manantial de agua que brota dentro de sus discípulos, o que surge de sus corazones, para darles vida, alegría y frescura. Aquí, Jesús menciona a Tomás que este "manantial burbujeante" lo ha embriagado tanto que ha olvidado que la fuente del agua viva que hay en él no es Jesús. En otras palabras, Tomás no necesita acudir a Jesús para obtener esta agua, ni la vida, ni la sabiduría, ni la alegría, ni ninguna otra cosa. El agua brota espontáneamente de dentro de Tomás y de todos nosotros. Lo único que ha hecho Jesús es revelar su presencia en nosotros. La ha señalado, y ahora podemos venir libremente a beber de este pozo interior siempre que queramos.

Así que, ahora que tenemos este río y manantial burbujeante de agua viva dentro de nosotros, no necesitamos un Maestro que nos dé continuamente agua, vida, alegría o sabiduría, porque cada uno de nosotros tiene ahora acceso continuo al agua de vida que fluye dentro de nosotros.

Este es un concepto difícil para muchos de nosotros que hemos sido condicionados o programados por nuestros guías y maestros espirituales: el mensaje que dice que exaltemos a Jesús y nos minimicemos a nosotros mismos. "Él debe crecer y nosotros decrecer", nos enseñan a decir, en consonancia con las palabras de Juan el Bautista. Pero, cuando lo hacemos, ignoramos las mismas palabras de Jesús, quien nos dijo que haríamos cosas aún mayores que él, porque el mismo Espíritu vivo de Dios que resucitó a Jesús de entre los muertos reside ahora en nosotros. (Véase Rom. 8:11 y Juan 14:12-14).

No se distraigan con este dicho por lo que Jesús no dijo en voz alta. En cambio, concéntrense en las hermosas palabras que dirige a Tomás en la primera mitad de la frase:

"Yo no soy tu Maestro. Porque has bebido, te has embriagado del manantial burbujeante que he proporcionado".

Ustedes y yo no necesitamos maestros ni gurús que nos lleven de la mano, de la cabeza o del corazón. Cristo ha abierto un manantial de agua embriagadora, un río de vida y un pozo de agua viva sin fin en lo más profundo de nuestro ser.

Ayuno, Oración y Limosna

Jesús dijo: "Si ayunan, cometerán pecado; si oran, serán condenados; y si dan limosna, dañarán sus espíritus. No obstante, cuando entren en cualquier tierra y recorran sus regiones, si los reciben bien, coman lo que les ofrezcan y sanen a los enfermos que encuentren allí. Porque lo que ingieran no los contaminara, pero lo que pronuncien será lo que los manche."

Como se indicó previamente, algunos proponen que estas tres afirmaciones se relacionan con las tres palabras que Tomás recibió en el dicho 13. Independientemente de si esto es verdad o no, estas palabras siguen siendo asombrosas y algunos incluso las considerarían "heréticas" para muchos judíos devotos e incluso algunos cristianos.

Sin embargo, no estamos lejos de estos conceptos, ya que conocemos una afirmación similar de Jesús que se encuentra en el Dicho 6. En este dicho, responde a las preguntas de sus discípulos sobre cómo orar, ayunar y dar limosna, sugiriendo que estas acciones no son apropiadas para ellos. Jesús va un poco más allá al afirmar que el ayuno "genera pecado" en nosotros, que la oración trae condenación y que dar limosna perjudica nuestros espíritus. Pero, ¿por qué? ¿Acaso no deberíamos, como seguidores de Jesús, ayunar, orar y dar a los necesitados? ¿Son estas prácticas contrarias al camino de Cristo? ¿Nos está indicando que abandonemos estas disciplinas espirituales mientras practicamos nuestra fe?

Examinemos cada una de estas prácticas para intentar entender por qué Jesús dijo esto a sus discípulos y a nosotros.

Primeramente, el ayuno se realiza frecuentemente como un intento de forzar el favor de Dios o de incitar a Dios a actuar respecto a alguna necesidad o deseo que podamos tener. La necesidad o el deseo puede ser incluso completamente bueno en sí mismo (por ejemplo, que un niño enfermo se recupere, que se alivie el sufrimiento de los inocentes o que se nos conceda sabiduría para tomar una decisión difícil). Pero, en esencia, el ayuno no es más que una huelga de hambre a la que nos sometemos para obligar a Dios a "hacer algo" que nosotros no podemos hacer.

Existe tanto error en esta forma de pensar que es fácil comprender por qué Jesús afirmaría que practicar el ayuno "produce pecado" en nosotros mismos. Dios no es indiferente. No necesita ser persuadido para amarnos, para reconocer nuestro sufrimiento o el de los demás. Dios conoce nuestras necesidades antes de que las expresemos, como Jesús nos enseñó en Mateo 6:8, por lo que no necesitamos llamar la atención de Dios ni forzarlo a mostrar interés. El ayuno traiciona nuestra ignorancia del verdadero corazón de Dios hacia toda la humanidad.

No necesitamos pasar hambre para ganar el favor de Dios, ya que Su favor ya está derramado sobre cada uno de nosotros. Todos somos amados por nuestro Padre Celestial, cuyo amor por nosotros está más allá de toda comprensión o medida. Además, el ayuno es una forma de evadir el problema para el cual buscamos solución, dejando todo en manos de Dios. Suponemos que si Dios no actúa, no sucederá nada bueno. Pero esta suposición es completamente falsa. Dios no actúa sin nosotros. Somos las manos de Dios, los pies de Dios, Su presencia y los embajadores de Dios.

Como expresa el antiguo himno de Santa Teresa de Ávila: "Cristo no tiene ahora más cuerpo que el vuestro". En lugar de apartar nuestro plato y privarnos de alimento con la esperanza de que Dios intervenga, debemos llenar nuestros estómagos para tener fuerzas y así consolar a los afligidos, alimentar a los hambrientos, cuidar a los necesitados y ser la

Encarnación de Cristo en nuestro mundo actual. El mundo no cambiará si nosotros no cambiamos.

En segundo lugar, Jesús nos advierte que "...si oran, serán condenados..." por muchas de las mismas razones mencionadas anteriormente. La oración no es algo que hagamos en la oscuridad de nuestras habitaciones. Debemos levantarnos, vestirnos, salir a la calle y oponernos a la injusticia: hablar en nombre de los que no tienen voz, cuidar de los marginados y convertirnos en catalizadores de la transformación.

Esto es especialmente cierto si comprendemos que esta noción de separación es una ilusión. Al observar el sufrimiento de los demás, sabemos que toda la gente sufre. Cuando vemos a otros hambrientos, encarcelados o empobrecidos, entendemos que toda la humanidad está en hambre, en prisión y en pobreza. Por lo tanto, todo lo que hagamos por el más pequeño de ellos, también lo hacemos por Cristo, y Cristo está en todos nosotros.

Esta realidad puede hacer que la declaración final de Jesús parezca fuera de lugar, pero en realidad es la última pieza del rompecabezas que necesitamos para abrazar plenamente su sabiduría:

"...y si ofrecéis limosna, perjudicaréis vuestros espíritus." Podríamos pensar que Jesús nos está diciendo que no demos dinero a los pobres, pero no es eso lo que quiere expresar.

Considero que en este dicho, Jesús está señalando nuestra tendencia a limitar la verdadera compasión por otras personas simplemente echando unas monedas en una taza o entregando un cheque a algún ministerio sin fines de lucro, pensando que hemos "cumplido con nuestra parte" para ayudar a los necesitados. En mi experiencia sirviendo a familias sin hogar que viven en moteles del sur de California durante quince años, Cristo nos ha pedido mucho más que simplemente entregar cheques o dar limosnas. No es que el cuidado de los demás no requiera una inversión económica, sino que el dinero por sí solo no es todo lo que los pobres necesitan recibir, ni lo que nosotros debemos darles.

Debe existir un intercambio de compasión, un flujo de amor semejante al de Cristo, que circule entre nosotros cuando nos acerquemos a los necesitados. No podemos verlos como "otros". Debemos mirarlos a los ojos el tiempo suficiente para reconocer su humanidad; debemos escucharlos el tiempo suficiente para recordar sus nombres de memoria; debemos abrazarlos, humanizarlos el tiempo suficiente para aceptar plenamente que no estamos separados de ellos en absoluto. Entregar cheques o dar dinero nunca nos permitirá entrar en este lugar sagrado de dar y recibir.

De hecho, al inicio de mi experiencia en el ministerio de los moteles, a menudo me sentía culpable después de haber compartido comida, ropa o víveres con las personas que vivían allí. Con el tiempo, comprendí que esta culpa se debía a que me sentía más bendecido por mis encuentros con estas personas de lo que consideraba que yo mismo les había bendecido. Sin embargo, la realidad era que, por mucho que diéramos y compartiéramos, siempre sentía que mi corazón estaba más lleno de alegría que el de ellos.

Finalmente, percibí que el Espíritu me aseguraba que mis sentimientos eran normales y que esa sensación de recibir más bendiciones de las que yo daba siempre formaría parte del proceso. Nunca podría bendecir a esas personas más de lo que ellas me bendecían a mí, así que era mejor que me acostumbrara.

Por eso, considero que Jesús nos dice que no demos limosna bajo la suposición de que ese dar es todo lo necesario. Si realmente entendemos que todo el mundo está conectado con Cristo, y que estamos conectados con todo el mundo a través de Cristo, entonces nunca más nos conformaremos con simplemente compartir nuestro dinero, sino que nos veremos obligados por el amor de Cristo a compartir también nuestras vidas.

Esto es exactamente lo que se comunica en 1 Tesalonicenses 2:8, que dice:

"Por eso nos preocupamos por vosotros. Como os queríamos tanto, nos encantó compartir con vosotros no solo el Evangelio de Dios, sino también nuestras vidas."

La segunda parte de este dicho recuerda lo que Jesús dice a sus discípulos en Lucas 10:5-8:

"Cuando entréis en una casa, decid primero: 'Paz a esta casa'. Si hay alguien que promueva la paz, vuestra paz descansará sobre él; si no, volverá a vosotros. Quedaos allí, comiendo y bebiendo lo que os ofrezcan, pues el trabajador merece su salario. No vayáis de casa en casa.

"Cuando entréis en una ciudad y os reciban, comed lo que os ofrezcan. Sanad a los enfermos que estén allí y decidles: 'El reino de Dios se ha acercado a vosotros'."

Sin embargo, la diferencia en Tomás es que no hay condena para quienes no reciben a los discípulos o no les dan la bienvenida, como se lee más adelante en Lucas 10:10. En este versículo, Jesús les dice que "sacudan el polvo de sus pies como advertencia para ellos", seguido de una larga lista de lamentaciones y comparaciones con Sodoma y otras ciudades que fueron destruidas en los textos del Antiguo Testamento por su falta de arrepentimiento.

Aquí, Jesús se enfoca en bendecir a quienes nos reciben y en comer lo que nos ofrezcan. Esto contrasta con las afirmaciones anteriores que desafiaban las prácticas religiosas de la época que exigían restricciones dietéticas y evitar ciertos alimentos. Por el contrario, en el Evangelio de Tomás, Jesús animó a sus discípulos, como en el pasaje de Lucas, a "comer lo que se les ofrezca", aunque su código religioso lo considere ceremonialmente impuro.

Como en el caso de algunas de las frases anteriores que hemos examinado hasta ahora, esta también podría considerarse como dos o más frases juntas. Esto es especialmente cierto porque esta sección sobre "cuando viajéis" tiene poco que ver con ayunar, rezar o dar limosna.

El Padre Supremo

Jesús afirmó: "Cuando encuentren a aquel que no ha nacido de mujer, arrodíllense y adórenle. Ese es su Padre."

El propósito principal de esta declaración no es advertirnos sobre la necesidad de adorar a Dios, ni siquiera a Jesús (quien, como todos nosotros, ciertamente nació de una mujer). Más bien, busca hacernos conscientes de que aquel "que no ha nacido de mujer" no solo merece adoración o el título de "Dios", sino que este Santo Ser de otro mundo es, de hecho, "nuestro Padre".

En otras palabras, si somos hijos de alguien que no es "nacido de mujer", pertenecemos a la misma esencia que nuestro Padre. La santidad de Dios es nuestra santidad. El valor de Dios es nuestro valor.

Nuestro Padre, y mi Padre, no son de carne, y nosotros tampoco. La carne es una ilusión que envuelve nuestro verdadero ser, ocultando nuestra identidad como hijos de la Fuente Única de toda vida, amor y realidad.

Al encontrarse con este Ser Supremo, deberían experimentar asombro y maravilla, pero también alcanzar una comprensión más profunda de que este Uno es de donde ustedes—y todos los demás—proceden.

Nuestro Padre trasciende la imaginación. Es un Ser único y original, sin igual en el Universo. Nuestro Padre es puro Espíritu, no de carne, y extraordinariamente supremo en todos los sentidos.

Y ustedes también.

Y yo también.

Y todos los demás en esta Tierra.

Y todos los que han vivido o vivirán en este reino físico.

La dualidad y la separación son ilusiones, incluso entre carne y espíritu, Dios y Hombre, Padre e hijos.

Todos somos uno en Cristo Jesús, y nadie existe fuera de Cristo.

Él es Aquel en quien todos vivimos, nos movemos y existimos.

Cristo es todo y está en todo.

Cristo mantiene unidas todas las cosas.

Cristo es Aquel para quien, por quien y a través de quien fueron creadas todas las cosas.

En aquel día, ustedes y yo sabremos plenamente que Cristo está en el Padre, el Padre está en Cristo, y nosotros estamos en el Padre y en Cristo, estando todos conectados entre sí.

La Disensión Divina en la Tierra

Jesús afirmó: "Puede que las personas piensen que he venido a instaurar la paz en el mundo; sin embargo, no entienden que mi propósito es sembrar divisiones en la tierra: fuego, espada, guerra. Habrá cinco personas en una misma casa; tres estarán en conflicto con dos y viceversa, el padre enfrentará al hijo y el hijo al padre, dejando a cada uno como individuos aislados."

Al igual que con otros dichos de Jesús a Tomás, es necesario detenerse y observar tanto al público como las expresiones específicas utilizadas para comprender completamente lo que se comunica y lo que se omite.

Primero, es esencial distinguir entre "la tierra" o "el mundo" y la humanidad. Es decir, cuando Jesús en Tomás menciona "el mundo" o "la tierra", no se refiere a las personas, sino a la ilusión de realidad que percibimos como nuestro entorno.

Por ello, al declarar que no ha venido a traer "paz sobre el mundo", Jesús indica que su misión no es promover la paz en la ilusión de separación en la que vivimos. De hecho, sobre esa irrealidad omnipresente, Jesús introduce "fuego, espada y guerra" para que individuos como nosotros puedan liberarse de esa ilusión y experimentar la libertad de la unidad y la conexión con Dios y con los demás.

Jesús continúa esta impactante afirmación describiendo a las personas en una casa divididas entre sí: "tres estarán contra dos y dos contra tres, el padre contra el hijo y el hijo contra el padre..." Este ejemplo ilustra cómo ocurre este proceso de conexión: primero, las personas se dividen por estas ideas de unidad y conexión. Esto, irónicamente, crea una separación momentánea, pero inevitablemente, todos ellos eventualmente "...permanecerán como individuos aislados."

Así, algunos que escuchan el mensaje de Jesús lo reciben y lo aceptan libremente. Otros, dentro de la misma casa, resistirán el mensaje o lo rechazarán por completo. Sin embargo, al final, todos llegarán a ver y conocer la verdad de la unidad con Dios y entre ellos al revelarse Cristo como "todo y en todos" y al darnos cuenta de que estamos "todos llenos de la plenitud de Cristo, que lo llena todo en todos los sentidos."

Es importante notar que Jesús menciona que viene a "traer disensiones sobre la tierra: fuego, espada y guerra", pero la estructura de esta declaración sugiere que quiere traer "disensiones" sobre "fuego, espada y guerra", además de "la tierra".

Esto significa que sus enseñanzas eliminan el fuego, la guerra y la espada al ayudarnos a comprender que lo que hacemos a los demás nos lo hacemos a nosotros mismos porque todos somos uno en Cristo.

Su deseo es transformar todo lo que perpetúa la ilusión de separación y división entre nosotros.

Irónicamente, una vez que Jesús logre todo esto, lo que finalmente experimentaremos es la paz—la misma que él dice no enfocarse en traer "al mundo" (que es una ilusión)—pero la paz que Jesús trae es para la humanidad consciente de la realidad de ser Uno con Dios y el Universo mismo.

La Promesa de lo Inimaginable

Jesús declaró: "Les otorgaré lo que ningún ojo ha contemplado, que ningún oído ha escuchado, que ninguna mano ha tocado y que no ha penetrado en el corazón del hombre."

Lo más intrigante de este dicho de Jesús en el Evangelio de Tomás es que no guarda relación con los dichos de Jesús registrados en los otros cuatro Evangelios del Nuevo Testamento. Sin embargo, si se ha leído o estudiado la Biblia extensamente, es probable que este versículo ya haya sido escuchado.

Sin embargo, lo que se recuerda no proviene directamente de Jesús. En cambio, se cita en la primera epístola de Pablo a los Corintios. Así es como se presenta este versículo en la carta de Pablo: "Pero tal como está escrito: 'Cosas que ojo no vio y oído no oyó, y que no han entrado en corazón humano, todo lo que Dios ha preparado para los que le aman'. (1 Cor. 2:9)"

Al buscar la referencia mencionada en una Biblia de Estudio en inglés, sin duda se observará que se hace referencia a Isaías 64:4. Sin embargo, si se avanza y se lee detenidamente Isaías 64:4, se notará que esta referencia no tiene relación alguna con esta cita. Además, al leer más detenidamente Isaías 64:4, se confirmará que esta referencia no se corresponde con esta cita.

Verificación personal:

"Porque desde antiguo no han oído ni percibido por el oído, ni el ojo ha visto otro Dios fuera de Ti, que actúa en favor del que Le espera". (Is. 64:4)

Este versículo se aproxima a lo que Pablo cita cuando dice "...tal como está escrito", pero no es exactamente lo mismo, ¿cierto? Entonces, ¿qué está citando Pablo aquí al mencionar "...como está escrito"? ¿Podría referirse a esta referencia del Evangelio de Tomás, que tiene una lectura mucho más cercana a lo citado en 1 Cor. 2:9? Algunos eruditos creen que sí, lo cual, de ser cierto, supondría un cambio de paradigma significativo para la mayoría de los cristianos evangélicos, que no podrían comprender que el apóstol Pablo citara el Evangelio de Tomás de la misma manera que el rollo de Isaías.

Sin embargo, las similitudes son sorprendentes. Observemos y comparemos las frases que comparten ambos versículos:

Los Cinco Árboles del Paraíso

Los discípulos preguntaron a Jesús: "Dinos cómo será nuestro final". Jesús respondió: "¿Han comprendido el principio para buscar el final? Porque donde esté el principio, allí estará el final. Dichoso aquel que ocupe su lugar en el principio. Él conocerá el final y no temerá la muerte."

Al igual que en los dichos anteriores, Jesús desafía la noción de que la realidad es lo que aparenta. El tiempo es una ilusión. La forma en que percibimos nuestro mundo como individuos separados que avanzan del punto A al punto B no refleja necesariamente la verdadera naturaleza de las cosas.

Nuestra obsesión por un resultado final, por lo que sucederá después, por dónde terminará todo cuando todo haya concluido, forma parte de una alucinación colectiva que refuerza la persistente ilusión de que el cielo, la eternidad y/o el Reino de Dios están en algún lugar "ahí fuera", "pronto" o escondidos de alguna manera.

La realidad es esta: la eternidad ocurre en este mismo instante. El pasado ya pasó. El futuro no está escrito. El único momento que cualquiera de nosotros experimenta es este presente. Todo es ahora.

Por eso, cuando sus discípulos preguntan por "el final", Jesús les responde preguntándoles si han empezado siquiera a comprender "el principio", donde todas las cosas encuentran su origen.

En el Génesis leemos que "En el principio... existía la luz", y es esta luz la que los discípulos aún deben ver o entender con sus propios ojos espirituales. Continúan buscando la luz con sus ojos físicos, queriendo conocer el final de su historia antes incluso de haber abierto el libro y comenzado a leer la primera página.

Cuando Jesús dice: "Porque donde está el principio, allí estará el final", intenta ayudar a sus seguidores a ver con ojos nuevos, ojos espirituales más que físicos.

El Evangelio de Juan reformula la historia del Génesis declarando que "En el principio era el Verbo, y el Verbo estaba con Dios, y el Verbo era Dios". Si se comprende lo que había en el principio, esto es todo lo que se necesita saber sobre el final.

Entender el principio es entender el final. Todo está aquí. Todo es ahora. Todo está en Cristo. Cristo es todo y está en todo.

Así, cuando Jesús concluye con la bendición de aquellos "...que ocuparán su lugar en el principio", y declara que estas personas son también las que "...conocerán el final y no temerán la muerte", esta afirmación es coherente con todo lo que ha enseñado antes. Nuestra realización de nuestra Unidad con Cristo nos permite "tomar nuestro lugar" con Cristo "en el principio", porque Cristo—la Palabra de Dios—estaba con Dios en el principio, era Dios en el principio, y nosotros somos inseparables de Cristo.

Por supuesto, la verdad de nuestra Unidad con Cristo sigue siendo válida tanto si nos damos cuenta de ello en esta vida como si no. Pero, hasta que no lo reconozcamos, viendo esta Unidad por lo que es, no podremos comprenderla o aceptarla plenamente. La Luz de Cristo brilla, ya sea que la oscuridad la entienda o no. (Hasta que nuestros ojos se abran, permaneceremos en la oscuridad y nuestros ojos estarán ciegos a esa Luz.)

En resumen, nuestra atención a menudo se distrae con formas de pensar lineales, de causa y efecto, dualistas. Jesús desea que nos detengamos a reconsiderar los supuestos erróneos que informan muchas de nuestras preguntas. Quiere que meditemos sobre nuestra identidad inseparable en Cristo, que lo llena todo—y a todos—de todas las formas imaginables.

Aunque nunca lleguemos a comprender completamente la naturaleza desconcertante de nuestra Unidad con Cristo, el mero hecho de enfocarnos en este enigma puede ayudarnos a bloquear cualquier idea insensata que pudiera impedirnos perseguir este hermoso misterio que es Cristo en nosotros, la esperanza de la Gloria.

Lo que necesitamos, como dice Jesús una y otra vez en los Evangelios del Nuevo Testamento, es un cambio radical de pensamiento—a una Metanoia—que reconfigure nuestros cerebros y transforme nuestras mentes para recibir la sencilla verdad de su mensaje para todos nosotros.

"Créeme que Yo estoy en el Padre y el Padre está en Mí". (Juan 14:11)

"Aquel día sabréis que Yo estoy en Mi Padre, y vosotros en Mí, y Yo en vosotros". (Juan 14:20)

El Reino de los Cielos y la Semilla de Mostaza

Los discípulos preguntaron a Jesús sobre el Reino de los Cielos. Él respondió comparándolo con una semilla de mostaza, la más pequeña de todas las semillas. Sin embargo, al ser plantada en tierra fértil, se transforma en una planta de gran tamaño que brinda refugio a las aves del cielo.

Esta parábola, también presente en Mateo 13:31, Marcos 4:30 y Lucas 13:18, ilustra cómo Jesús utiliza afirmaciones que desafían la lógica convencional, exaltando lo diminuto sobre lo grandioso y estimulando la imaginación de sus seguidores.

Es importante señalar que la semilla de mostaza no es realmente "la más pequeña de todas las semillas", como se sugiere en este pasaje. A pesar de su reducido tamaño y su rápido crecimiento, capaz de dominar cualquier espacio donde se siembre, no ostenta el título de la más diminuta. Ese honor pertenece a las orquídeas de las selvas tropicales.

Según un experto en botánica, las semillas más diminutas del mundo, desprovistas de endospermo y con embriones subdesarrollados, son producidas por ciertas orquídeas epífitas (familia Orchidaceae) en la selva tropical. Algunas miden apenas 85 micrómetros (1/300 de pulgada), siendo imperceptibles a simple vista. Cada una pesa tan solo 0,81 microgramos (1/35.000.000 de onzas). Estas semillas se dispersan en el aire como minúsculas partículas de polvo, posándose en las copas de los árboles de la selva tropical, donde finalmente germinan.

En contraste, la semilla de la begonia mide alrededor de 1/100 de pulgada, la de la petunia 1/50 de pulgada y la de la mostaza (familia Brassicaceae) 1/20 de pulgada.

Entonces, ¿existen semillas más pequeñas? Efectivamente, pero no crecen con la misma rapidez que las de mostaza ni son capaces de invadir un jardín con igual facilidad.

Lo que Jesús pretende transmitir es que, a pesar de su reducido tamaño, el grano de mostaza se desarrolla de forma veloz y agresiva, transformándose en una planta que no puede ser fácilmente contenida, controlada o erradicada.

De hecho, los oyentes de aquella época habrían encontrado divertida la parábola, no porque Jesús conociera con exactitud cuál era la semilla más pequeña, sino porque, según el sentido común, nadie plantaría una semilla de mostaza en su jardín. Sería una insensatez, a menos que se deseara que todas las demás plantas se marchitaran para que solo la mostaza prosperara.

La mostaza, en otras palabras, se comporta como una planta invasora que no convive en armonía con otras especies. Una vez plantada, sobrepasa completamente a las demás plantas. Este, estimados lectores, es el punto crucial.

El Reino de los Cielos ha sido sembrado en nuestros corazones y, con el tiempo, florecerá y se expandirá hasta que todo lo demás quede eclipsado por su presencia.

No, las plantas de mostaza no crecen hasta convertirse en enormes árboles que atraen a las aves para que aniden en sus ramas. Raramente alcanzan la altura de los árboles y las aves no suelen anidar en ellas. Sin embargo, en esta metáfora,

Jesús quiere decir que el Reino de Dios dominará todas las demás plantas en el jardín de nuestros corazones, al igual que la mostaza supera a otras plantas, hasta que no quede espacio para que las aves aniden en ellas.

Esto es una hipérbole. No pretende tener precisión agrícola, sino despertar nuestra imaginación. Al comparar el pequeño origen de una planta de mostaza con los humildes inicios del Reino, Jesús señala que lo que comienza diminuto pronto se extenderá por toda la tierra. Al relacionar el rápido crecimiento de la mostaza con la expansión del Reino de Dios, Jesús indica que el Reino es imparable y continuará creciendo y prosperando.

Además, Jesús enfatiza que este pequeño grano de mostaza debe caer en "tierra labrada" para echar raíces y florecer. Esto sugiere que no todos recibirán el mensaje del Reino; nuestros corazones deben abrirse y nuestras mentes deben estar receptivas. Primero debemos aceptar el cambio de pensamiento ("Metanoia") sobre la realidad para convertirnos en tierra fértil donde el Reino de Dios pueda germinar.

Es fundamental aclarar que, al referirse al "Reino de los Cielos", Jesús no está hablando del lugar al que va el espíritu después de la muerte, sino de la realidad de la presencia de Dios aquí y ahora; un Reino que, según Jesús, está "dentro de nosotros", de cada uno de nosotros, seamos conscientes de ello o no.

También es relevante notar que la mención de las "aves del cielo" hace referencia a Ezequiel 17:22-23, que describe a Dios plantando un cedro en lo alto de una montaña donde "anidarán aves de toda especie y encontrarán refugio a la sombra de sus ramas". Sin embargo, Jesús intencionalmente cambia la metáfora del "poderoso cedro" por la del diminuto grano de mostaza. ¿Por qué? Porque desea que comprendamos que el Reino de Dios no es necesariamente el más grande o poderoso de todos los reinos; en realidad, está más representado por una pequeña semilla que crece de manera subversiva donde menos se espera, actuando de manera sorprendente.

Una vez más, esta parábola subraya la necesidad de "volver a pensar". Las cosas no son lo que parecen, y la realidad siempre supera nuestras primeras percepciones.

Para ilustrar, la referencia a las "aves del cielo" que encuentran refugio en este Reino de los Cielos busca enseñarnos que hay espacio para quienes no son como nosotros; que el Reino existe para el beneficio de todos, no solo para unos pocos.

El grano de mostaza crece en la tierra y se extiende, pero también proporciona espacio para quienes vienen del cielo, ofreciendo un lugar a aquellos que pueden sentirse extraños en la tierra y buscan un hogar.

Los Discípulos como Niños en un Campo Ajeno

María preguntó a Jesús: "¿A quiénes se asemejan sus discípulos?". Él respondió: "Son como niños pequeños que han ocupado un campo que no les pertenece. Cuando los dueños del campo lleguen, les dirán: 'Devuélvannos nuestro campo'. Se desnudan ante ellos para recuperar el campo. Por eso les digo que, si el dueño de una casa sabe que viene un ladrón, se preparará antes de que llegue y no permitirá que entre a su casa para llevarse sus pertenencias. Ustedes, por lo tanto, estén atentos al mundo. Prepárense con gran fortaleza para que los ladrones no logren acercarse a ustedes, pues las dificultades que esperan seguramente se materializarán. Que entre ustedes haya una persona de entendimiento. Cuando el grano madure, vendrá rápidamente con su hoz en mano y lo segará. Quien tenga oídos para oír, que oiga".

A diferencia de los dichos anteriores, este comienza con una pregunta directa de María (Magdalena) sobre sus propios discípulos, lo que también la incluiría a ella. En respuesta, Jesús compara a sus discípulos con "niños pequeños que han ocupado un campo que no les pertenece", sugiriendo que son ajenos a conceptos como la propiedad y las divisiones imaginarias que nos separan. Estos niños ocupan un campo que no es suyo porque comprenden que nadie posee la tierra; la tierra es parte de nuestro hogar común, creado por Dios para el disfrute y placer de todos. Por ello, cuando estos "niños" enfrentan a quienes creen ser los legítimos dueños, se desnudan juguetonamente para exponer la insensatez de ideas como la propiedad o las posesiones y así "devolver" el campo.

El siguiente dicho es familiar para quienes han leído los evangelios de Mateo y Lucas, donde Jesús se refiere a "...el dueño de una casa que sabe que el ladrón viene, y por lo tanto estará en guardia..." Sin embargo, a diferencia de esas referencias, que conectan la advertencia con el regreso de Cristo al final de la era (ver Mateo 24:43 y Lucas 12:39-59), la declaración en Tomás no habla sobre estar en guardia por el retorno de Cristo a la tierra. Se trata de estar "en guardia contra el mundo", que intenta acercarse a ustedes y robarles la conciencia del Reino.

Si el Evangelio de Tomás se sitúa en torno a la época en que se escribió el Evangelio de Marcos, entonces Mateo y Lucas (que aparecieron más tarde) tomaron este dicho de Jesús y lo reformularon para sugerir que el ladrón es Cristo y que su regreso, o segunda venida, es lo que debemos "vigilar".

Incluso si el Evangelio de Tomás se data después de Mateo y Lucas, como algunos sugieren, y quizás más cerca de la redacción del Evangelio de Juan, sigue siendo una elección extraña que Jesús equipare al ladrón en esta parábola. ¿Qué es lo que Jesús viene a robarnos? ¿Por qué debemos protegernos del regreso de Cristo como se protege de un ladrón?

Curiosamente, esta idea de utilizar la metáfora de "un ladrón en la noche" para el regreso de Cristo proviene de la carta de Pablo a los Tesalonicenses, donde dice:

"Porque ustedes mismos saben muy bien que el día del Señor vendrá como un ladrón en la noche" (1 Tes. 5:2).

"Pero ustedes, hermanos, no están en tinieblas, para que el día (del Señor) los sorprenda como a un ladrón" (1 Tes. 5:4).

La metáfora también se repite en 2 Pedro 3:10:

"Pero el día del Señor vendrá como un ladrón, en el que los cielos pasarán con un estruendo y los elementos serán destruidos con un intenso calor, y la tierra y sus obras serán descubiertas".

Por supuesto, esta referencia en 2 Pedro es mucho más posterior a cualquier cosa que el apóstol Pedro pudiera haber escrito, pero sugiere que esta idea se mantuvo a medida que el cristianismo se desarrolló con el tiempo.

El Apocalipsis de Juan también utiliza esta misma metáfora para referirse al regreso de Cristo:

"Estén siempre alertas y fortalezcan lo que queda, que estaba a punto de morir; porque no he encontrado sus obras terminadas ante los ojos de mi Dios. Así que recuerden lo que han recibido y oído; guárdenlo y arrepiéntanse. Entonces, si no están atentos, vendré como un ladrón, y no sabrán a qué hora vendré a ustedes" (Ap. 3:2-3).

Tengan en cuenta que 1 Tesalonicenses fue escrito entre 49-51 d.C., el Evangelio de Marcos fue redactado alrededor de 53-55 d.C., y el Evangelio de Mateo apareció aproximadamente diez años después. El Apocalipsis de Juan se escribió incluso más tarde, alrededor del año 90 d.C. (aunque algunos sugieren que podría haber sido escrito incluso antes del año 70 d.C.).

Entonces, ¿qué sucede? ¿Mateo (y Lucas) basaron su comprensión de esta metáfora del regreso de Cristo como un "ladrón en la noche" en la carta de Pablo a los Tesalonicenses? ¿O Pablo simplemente repitió el entendimiento ya establecido de los cristianos en ese momento, que la metáfora del ladrón en la noche se aplicaba mejor al regreso de Cristo que al mundo que deseaba robar nuestra comprensión del Reino de Dios?

El Evangelio de Lucas parece quererlo en ambos sentidos, refiriéndose al ladrón en cada uno de esos contextos, en lugar de solo al regreso de Cristo, como hace Mateo. Sin embargo, el hecho de que Lucas ofrezca ambas versiones sugiere claramente que ambos usos eran familiares en la época. Dado que Lucas está fechado más o menos en el medio entre Marcos y Juan, reflejar ambas ideas parece apropiado y acertado.

Según la metáfora de Tomás, el ladrón es el mundo, no Cristo. Lo que debemos vigilar es la amenaza de algo que pueda venir y robarnos la conciencia y la comprensión del Reino de Dios. Curiosamente, en el mismo capítulo de Lucas, Jesús dice:

"Vendan sus posesiones y den a la caridad; háganse cinturones de dinero que no se desgasten, un tesoro inagotable en (el Reino de) los cielos, donde ningún ladrón se acerca ni la polilla destruye" (Lucas 12:33-34).

Estos versículos coinciden perfectamente con la afirmación del Evangelio de Tomás, donde "el ladrón" es quien viene a robarles su tesoro, y donde Jesús les exhorta a "acumular para ustedes un tesoro en el Reino de Dios", donde "ningún ladrón se acerca".

El Evangelio de Juan también coincide con la idea de que el ladrón no es Cristo, sino quien "sólo viene a robar, matar y destruir" (véase Juan 10:10). Por el contrario, Jesús es quien "vino para que tengamos vida, y la tengamos en abundancia".

En el Evangelio de Juan, Jesús también se refiere a quienes intentan engañar a sus seguidores como "ladrones y salteadores" que "...no entran por la puerta en el redil de las ovejas, sino que suben por otra parte" (véase Juan 10:1).

Por eso, en la versión que leemos aquí en el Evangelio de Tomás, Jesús advierte que se mantengan atentos al ladrón que pretende robarles su visión del Reino de Dios.

También es fascinante que la forma en que Jesús describe a sus discípulos en este dicho —como niños pequeños que viven como ciudadanos del Reino de Dios y felices, ignorando conceptos como la propiedad privada— se alinea maravillosamente con lo que se observa en el otro libro de Lucas, "Los Hechos de los Apóstoles". Aquí, Lucas indica que los seguidores de Jesús estaban tan enamorados de Dios, de Cristo y de los demás, que también llegaron a ser como esos niños pequeños que Jesús describe.

Como relata Lucas en Hechos 2:44-45:

"Todos los creyentes estaban juntos y tenían todo en común. Vendían propiedades y posesiones para dar a cualquiera que tuviera necesidad".

Y también, en Hechos 4:32 se lee:

"Todos los creyentes eran uno en corazón y mente. Nadie afirmaba que alguna de sus posesiones fuera suya, sino que compartían todo lo que tenían".

Estos dos pasajes confirman lo que Jesús describe en este dicho de Tomás: que sus seguidores se han vuelto como niños pequeños que comparten libremente todo con los demás y han llegado a ver una visión del Reino de Dios, un reino en el que nadie posee sus bienes, sino que se comparten libremente con todos.

Así pues, Lucas, tanto aquí en los Hechos como en algunas secciones de su Evangelio, se inclina más hacia lo que Jesús dice aquí en el Evangelio de Tomás: que el ladrón que se debe evitar es cualquiera que pretenda robar lo que no ha sido depositado en el Reino de Dios; que los discípulos de Jesús son como niños que no reconocen ningún sentido de propiedad privada ni de separación, sino que comparten libremente todo con los demás en el amor.

Niños en el Reino

Jesús observó a unos niños amamantándose y comentó a sus seguidores: "Estos pequeños que son amamantados representan a aquellos que ingresan al Reino". Ante esta afirmación, los discípulos preguntaron: "¿Nos transformaremos en niños para entrar al Reino?". En respuesta, Jesús explicó: "Cuando logren unificar los opuestos, hacer de lo interno lo externo y viceversa, de lo alto lo bajo, y fusionar el masculino y el femenino de tal manera que el hombre ya no sea hombre y la mujer ya no sea mujer, sustituyendo ojos por ojo, manos por mano, pies por pie e imagen por imagen, entonces podrán entrar al Reino".

Después de afirmar que solo quienes se asemejan a los niños pueden percibir o acceder al Reino de Dios —como también lo hace en otros pasajes del Evangelio de Tomás y en los Evangelios canónicos—, Jesús formula una de las declaraciones más abiertamente no dualistas.

Primero, analicemos la comparación inicial que hace Jesús entre los niños amamantados y los que entran al Reino. El estudioso de la Biblia F. F. Bruce comenta sobre este dicho:

"Se amplía el dicho canónico: 'El que no reciba el Reino de Dios como un niño, no entrará en él' (Lucas 18,17; cf. Mateo 18,3). Esta ampliación implica la eliminación de la distinción de sexos (cf. Dichos 4, 11, 106): al igual que los niños carecen de conciencia sexual o vergüenza, así deberían hacerlo los discípulos. En el Evangelio según los egipcios,

Jesús se dirige con estas palabras a Salomé. Podemos identificar una interpretación gnóstica de las palabras de Pablo: 'no puede haber varón y hembra' (Gálatas 3:28). La sustitución de los ojos, manos y pies físicos por sus equivalentes espirituales probablemente es una interpretación del dicho de Marcos 9:43-48 (cf. Mateo 5:29 y ss.; 18:8 y ss.), que sigue un patrón similar al de los niños."

El concepto de asemejarse a los niños para ingresar al Reino también lo presenta Jesús en este Evangelio. Por ejemplo, en el dicho anterior y en el dicho 4, donde Jesús dijo a sus discípulos: "El hombre viejo nunca dudará en preguntar a un niño pequeño de siete días sobre el lugar de la vida, y vivirá".

Parece que Jesús enfatiza que en algún momento se conoció y comprendió instintivamente una sencillez hacia el Reino. En algún momento, se fue como niños pequeños, conscientes de una inocencia que el Mundo ha arrebatado —una vez más, como Jesús advierte en el dicho anterior—. La misión consiste en alcanzar la sabiduría e inocencia de los niños: reaprender la sabiduría del Reino que todos han olvidado desde entonces.

Este concepto se repite en múltiples ocasiones en los Evangelios canónicos, como en Mateo 11:25, donde Jesús dice: "Te doy gracias, Padre, Señor del cielo y de la tierra, porque has ocultado estas cosas a los sabios y a los entendidos y se las has revelado a los niños de pecho".

Jesús desea que sus seguidores comprendan que los niños entienden el Reino de una manera que ellos no alcanzan. Por eso, cuando sus discípulos responden —como Nicodemo en Juan 3:3 tras que Jesús le dijera que debía nacer de nuevo para ver el Reino de Dios—: "¿Tenemos que convertirnos en niños para entrar en el Reino de Dios?", Jesús les responde con un enigma destinado a que superen las formas dualistas de pensamiento:

Jesús les dijo: "Cuando unifiquen los opuestos, hagan de lo interno lo externo y viceversa, de lo alto lo bajo, y fusionen el masculino y el femenino de tal manera que el hombre ya no sea hombre y la mujer ya no sea mujer, sustituyendo ojos por ojo, manos por mano, pies por pie e imagen por imagen, entonces ingresarán al Reino".

Ya se ha visto antes a Jesús referirse a un cambio esencial para dejar atrás el dualismo y reconocer la Unidad de todas las cosas. Por ejemplo, cuando dice que se debe "hacer de los dos uno" o "hacer que lo interno sea como lo externo", y que conceptos de separación como "masculino" y "femenino" no tienen lugar en el Reino, está reiterando lo que ya ha expuesto en dichos anteriores.

Asimismo, si recordamos lo que dijo en el dicho 3: "...el Reino está dentro de vosotros y está fuera de vosotros", este concepto solo representa una revisión. El Reino de Dios elimina los conceptos dualistas de separación, incluidas las ideas de estar "dentro" o "fuera". Porque, si todos son Uno en Cristo, no existe separación —no hay afuera, no hay arriba, no hay abajo, ni masculino o femenino.

El único inconveniente con esta traducción en particular es la parte donde se cita a Jesús diciendo: "...y cuando hagáis ojos en lugar de ojo...", ya que da la impresión de que debería decir: "...cuando hagáis un ojo en lugar de ojos...", pasando del plural al singular (ojo), no del singular al plural (ojos). Al menos, parecería más coherente que Jesús mantuviera la consistencia en su analogía, alejándose de la idea de muchos para acercarse al concepto de El Uno. Si es así, el dicho tendría mayor sentido para resaltar la necesidad de "hacer un ojo en lugar de (muchos) ojos".

Curiosamente, este pasaje está referenciado en la Segunda Epístola de Clemente:

"Pues el Señor mismo, al ser interrogado por una cierta persona sobre cuándo vendría su reino, respondió: 'Cuando los dos sean uno, y lo externo como lo interno, y el varón con la hembra, ni varón ni hembra. Ahora los dos son uno, cuando hablamos la verdad entre nosotros, y en dos cuerpos habrá una sola alma sin disimulo. Y al decir que lo externo sea como lo interno', quiere decir esto: por lo interno me refiero al alma y por lo externo al cuerpo. Por lo tanto, de la misma manera que se manifiesta el cuerpo, así también que se manifieste tu alma por sus buenas obras. Y por varón con hembra, ni varón ni hembra, quiere decir esto: que el hermano que vea a una hermana no la considere como hembra, y que la hermana que vea a un hermano no lo considere como varón. Si hacen esto, dice Él, vendrá el reino de mi padre'."

Algunos expertos en Tomás podrían cuestionar ligeramente la interpretación que hace Clemente de este dicho. Sin embargo, se reconoce que el dicho fue pronunciado por Jesús y se toma suficientemente en serio como para comentarlo para quienes buscan seguir las enseñanzas de Cristo.

Tal vez Clemente intente comprender el dicho dentro de su propio marco semidualista, pero al menos realiza un esfuerzo por interpretarlo.

También es importante señalar que es posible que este comentario no se refiera a este dicho de Tomás, sino a otro casi idéntico que se encuentra en el Evangelio de Pedro. En cualquier caso, el dicho se atribuyó a Jesús y se menciona en los dos primeros escritos cristianos como pronunciado por Jesús a sus discípulos.

Al comparar lo que Jesús dice aquí con otras afirmaciones no dualistas del Evangelio de Tomás, observamos que no habla de manera metafórica, sino en un sentido más literal. Realmente no existen realidades interiores o exteriores que ver o experimentar, ya que son ilusiones creadas por las formas dualistas de ver y pensar. Hasta que no se abrace completamente el concepto de la verdadera Unidad con Dios y la verdadera Unidad de Dios con cada uno, y la Unidad de Dios con todas las cosas, no se verá el Reino de Dios con la claridad de los ojos de los niños de pecho, quienes conocen instintivamente esta verdad de una manera que trasciende el conocimiento.

En resumen, una vez que se comprende que todo es Uno en Cristo, se puede ver verdaderamente el Reino de Dios.

Además, debemos reconocer que las distinciones artificiales de masculino y femenino son ilusiones. Como escribe John Dominic Crossan:

"Recordarán que el Evangelio de Tomás se burlaba de la idea de mirar hacia el futuro en busca de una salvación apocalíptica. En su lugar, abogaba por mirar al pasado, no solo a un momento edénico anterior al pecado de Adán y Eva, sino a un momento aún más primordial antes de que se dividieran en dos seres. Su enfoque no era hacia un varón, sino hacia un Adán andrógino, imagen de su Creador al no ser ni hembra ni varón. Fue en el bautismo, precisamente en la forma primitiva del bautismo desnudo, cuando el iniciado, invirtiendo la saga de Génesis 1-3, se despojó 'las vestiduras de vergüenza' (Smith 1965-66) impuestas para una humanidad caída y asumió 'la imagen del andrógino' (Meeks). Esta teología, que es la visión unificadora básica del Evangelio de Tomás, puede verse no solo en Evangelio de Tomás 22:1-4, sino también en 21:1-2 y 37:1-2 y en todos esos dichos, como 4:2, 11:2, 16, 23, 49, 75, 106, sobre ser o llegar a ser uno, uno solo o un solitario (Klijn)."

Esto concuerda perfectamente con lo que dijo el Apóstol Pablo en una de sus primeras epístolas: la necesidad de reconocer que ahora, en el Cuerpo de Cristo, se ha llegado a comprender la verdad sobre uno mismo:

"Ya no hay judío ni griego; no hay esclavo ni libre; no hay varón ni mujer; porque todos vosotros sois uno en Cristo Jesús." (Gal. 3:28)

Esta Unidad suprema que se experimenta en Cristo elimina toda noción de separación: religiosa, étnica, biológica, etc.

Una vez que se ha contemplado el Reino, se comprende que es verdad. O, como Jesús lo expresa aquí, solo cuando se reconoce que es verdad se percibe el Reino.

El resplandor Interno

Cuando los discípulos le preguntaron a Jesús que les mostrara el lugar donde él se encontraba, pues necesitaban buscarlo, él les respondió: "Aquel que tenga oídos, que escuche. Existe luz dentro de una persona iluminada, y ella ilumina el universo entero. Si no brilla, hay oscuridad".

Nuevamente, los seguidores de Jesús se mostraron desorientados, luchando por entender los conceptos de no dualidad y Unidad con Dios y con todo lo existente. Plantearon una pregunta que parecía ingenua: "Muéstranos el lugar donde estás...", como si no pudieran ver claramente dónde se halla Jesús, quien está evidentemente con ellos, respondiendo a su propia interrogante. Jesús ya había mencionado, en el dicho 3, que "El Reino de Dios está dentro y fuera de ustedes". Por consiguiente, el lugar donde se encuentra Jesús, el Reino, ya está presente en ellos y también reside en su interior.

En lugar de reiterar lo que ya les había expresado en varias ocasiones, Jesús aprovechó su momentánea confusión para intentar explicarles el Reino en términos que, esperaba, comprendieran un poco mejor. Afirmó: "Hay luz dentro de un hombre de luz". Esto se refiere a la suposición de los discípulos de que Jesús está por encima de ellos o de alguna manera está "separado" de ellos. Su pregunta presupone que Jesús es "un hombre de luz" y, como asumen que ellos no son seres de luz como lo es Jesús, desean saber cómo pueden llegar allí, estar allí o adquirir algo que creen que actualmente les falta.

Jesús comenzó afirmando que "dentro de un hombre de luz... hay luz", pero luego añadió algo que remite a su enseñanza en el Evangelio de Mateo, donde dice a sus discípulos que ellos "son la luz del mundo" (Mateo 5:14), y a lo que expresa aquí en el Dicho 11: "Cuando se conviertan en luz, ¿qué harán?".

En otras palabras: "Sí, soy 'un hombre de luz' y 'hay luz' dentro de mí, pero ustedes también son la luz del mundo, y si brillan con esa luz, su luz resplandece dentro de ustedes y para todos en este mundo". Sin embargo, agregó esta advertencia: "Si no brillan, son oscuridad".

La enseñanza es elegante y provocadora. Si desean conocer el lugar donde está Jesús, simplemente recuerden que Jesús se encuentra dónde está el Reino, y el Reino está donde está Cristo. Si brillan con la luz de esta comprensión —Cristo en ustedes, la esperanza de Gloria— entonces esa luz es el Reino y ustedes están donde Cristo está, y Cristo está donde ustedes están.

Esta permanencia continua en Cristo, así como Cristo permanece en nosotros, es la clave de todo. Nuestras mentes dualistas olvidan constantemente que ya somos Uno con Dios a través de Cristo, y que el Reino de Dios no está "allá afuera", "por ahí", "llegando pronto" o de alguna manera limitado por el tiempo o el espacio. Solo está limitado por nuestra propia conciencia y atención.

"Aquel que tenga oídos, que escuche".

Pero no se detengan en escuchar. Si tienen ojos para ver, no se detengan en ver. Una vez que hayan visto, una vez que hayan escuchado, serán bendecidos si caminan en la verdad de esa realidad.

Uno en Cristo

Jesús dijo: "Amen a su hermano como a su propia alma; cuídenlo como a la niña de sus ojos".

En esencia, todos somos idénticos. Al comprender que reside en el Padre y que Cristo habita en usted y en el Padre, también reconocerá que esto implica que todos somos Uno en Cristo.

No existe división entre usted y el Padre, ni entre usted y Cristo, ni entre usted y cualquier otro ser.

Por ello, Jesús puede afirmar: "Todo lo que han hecho al más pequeño de mis hermanos, a mí me lo han hecho", ya que no hay distinción entre Cristo y usted, ni entre Cristo y cualquier otra persona en la tierra, ya sea del pasado, presente o futuro.

Cuando Jesús manifestó su más profundo anhelo de que todos estuviéramos Unidos, de la misma manera que Él y el Padre son Uno, se refería a la realización de esta verdad eterna de conexión y Unidad entre la humanidad y lo Divino.

Lo que es cierto para Cristo también lo es para todos nosotros: Cristo fue crucificado y nosotros participamos de esa crucifixión con Él. Cristo resucitó y nosotros resucitamos con Él. Cristo ascendió a la diestra del Padre, y ahora nos encontramos sentados con Cristo en los lugares celestiales. Todas estas verdades aplican tanto a Cristo como a nosotros.

La plenitud de Dios reside en Cristo (Col. 1:19).

Cristo lo completa todo en cada aspecto (Ef. 1:23).

Si permanecemos en Cristo, Él permanece en nosotros (Juan 15:7).

Cristo es todo y está en todo (Col. 3:11).

Estamos colmados con la plenitud de Cristo (Efesios 1:23).

Esto significa, como afirma el apóstol Pablo, que "ya no hay judío ni griego, esclavo ni libre, hombre ni mujer, porque todos somos uno en Cristo Jesús." (Gal. 3:28)

De manera muy tangible, todo lo que nos hacemos entre nosotros se lo hacemos a Cristo, y también nos lo hacemos a nosotros mismos. Si nos perjudicamos mutuamente, nos lastimamos a nosotros mismos y a Cristo. Como Jesús le dijo a Pablo en el camino a Damasco, mientras perseguía a los seguidores de Jesús: "¿Por qué me persigues? Es difícil resistirse a los aguijones". En otras palabras, Saulo/Pablo estaba maltratando a los cristianos, y Jesús sentía el dolor porque nuestra conexión con Cristo y entre nosotros es inquebrantable.

La belleza de este mensaje reside en que nuestro amor mutuo no solo demuestra que somos discípulos de Jesús, sino que también evidencia que verdaderamente permanecemos en Cristo al comprender la realidad de nuestra Unidad con Él y entre nosotros.

Por lo tanto, debemos amarnos unos a otros como amamos nuestras propias almas. Debemos protegernos mutuamente como cuidamos nuestros propios ojos.

Porque si no nos reflejamos en nuestros hermanos y hermanas, estamos verdaderamente ciegos, y nuestros ojos carecen de valor.

Ojos para ver

Jesús dijo: "Miras la paja que está en el ojo de tu hermano, pero no te das cuenta de la viga que está en tu propio ojo. Cuando retires la viga de tu ojo, entonces verás con claridad para sacar la paja del ojo de tu hermano".

Interpretar este dicho desde una perspectiva renovada puede resultar complicado, ya que ha sido enseñado repetidamente en innumerables sermones cristianos evangélicos y lecciones de escuela dominical. Estas enseñanzas enfatizan la importancia de la autorreflexión antes de intentar corregir las fallas de los demás.

Sin duda, esta es una lección valiosa del proverbio. Sin embargo, en el Evangelio de Tomás, especialmente al seguir el dicho previamente analizado, su significado se profundiza más allá de una simple advertencia para pensar dos veces antes de aconsejar a otros. Este dicho se relaciona más con el desarrollo de nuestra propia capacidad para ver con claridad y menos con la corrección de los defectos ajenos.

En este pasaje, Jesús resalta la importancia de eliminar todo aquello que obstruye nuestra visión, impidiéndonos percibir la verdadera realidad de nuestra Unidad con Dios y con nuestros hermanos y hermanas. Lo fundamental es lograr ver con nitidez. Nuestros ojos pueden empañarse y cegarse fácilmente ante la verdad trascendental de nuestra Unidad. La "viga que está en nuestro propio ojo" simboliza la ilusión de separación que nos rodea. Nuestro principal objetivo debe ser eliminar diariamente esa viga de nuestra mente para apreciar claramente la belleza de nuestra conexión inseparable con lo Divino y con toda la humanidad.

Cuando nos enfocamos en la "paja" en el ojo de nuestro hermano, caemos en la ceguera que surge al aceptar la noción de separación. Nuestra mente se distrae al observar cómo nuestros hermanos y hermanas actúan, piensan o se comportan de manera diferente a nosotros. Esa diferencia ilusoria es la "mancha" en la que nos concentramos; una mancha que nos impide ver la verdad: somos Uno con ellos y ellos son Uno con nosotros. Esta percepción de separación, vista como un contraste con nuestras propias opiniones, actitudes o comportamientos, nos ciega y se convierte en una viga en nuestra mente, una viga que debemos esforzarnos por eliminar.

Así, efectivamente, el tema general del dicho podría ser la autocorrección y el examen personal, pero Jesús tiene en mente una forma muy específica de autorreflexión. Desea que reconozcamos nuestra tendencia a cegarnos ante lo que es verdadero y real: el Reino de Dios dentro de nosotros, que nos une a Dios y a todos los demás. No podemos ayudar a otros a despertar a esta hermosa realidad de Unidad si nosotros mismos estamos cegados a ella. Nuestras pupilas son las de ellos, y sus ojos son los nuestros. Lo que realmente importa no son nuestras diferencias percibidas, sino nuestra innegable unidad en Cristo.

¿Posees la visión para comprender esto?

Desprendimiento

Jesús dijo: "Si no se abstienen del mundo, no hallarán el Reino. Si no observan el sábado como verdadero sábado, no verán al Padre".

Abstenerse (o ayunar) del mundo es un requisito esencial para encontrar el Reino. ¿Por qué? Porque mientras permanezcamos inmersos en el mundo físico que nos rodea, definido por principios de separación, no podremos percibir el Reino marcado por nuestra verdadera Unidad y conexión.

El erudito del Nuevo Testamento F. F. Bruce comenta: "Este dicho... parece haber sido ampliamente conocido en la Iglesia de los siglos II y III... Mientras que el ayuno literal y la observancia del sábado son desaconsejados (como en los dichos 14 y 104), se recomienda la contrapartida espiritual de estos ejercicios religiosos (dicho 6)". En otras palabras, los actos literales de ayuno y la observancia de prácticas religiosas no son a lo que Jesús se refiere. Él ha dejado clara su posición respecto a esas formas externas de piedad; no debemos participar en ceremonias religiosas que no nos acercan a la realidad última que se encuentra en Cristo o en el Reino de Dios.

En cambio, se nos anima a dedicar tiempo para encontrar un lugar tranquilo, aclarar nuestras mentes, sentarnos en silencio y meditar sobre la realidad de nuestra Unidad con Dios y con toda la Creación. Para un observador externo, este tipo de meditación podría parecer una práctica religiosa común. Sin embargo, nuestro ayuno y atención para practicar un descanso sabático — en el cual todo el trabajo se deja de lado para dedicar tiempo a la oración o la contemplación — es, en realidad, nuestro intento práctico de recordarnos que toda separación es una ilusión.

Algunos comentaristas han sugerido que la frase: "Si no observan el sábado como verdadero sábado, no verán al Padre", podría interpretarse como "...si no observan toda la semana como sábado...", lo que podría alinearse más con lo que Jesús quiere transmitir aquí. Incluso Tertuliano escribió que "...debemos guardar siempre un sábado de todo trabajo servil, y no solo cada séptimo día, sino todo el tiempo". Así, es totalmente posible que esta interpretación fuera la entendida por los primeros seguidores de Jesús, especialmente porque Él prometió que aquellos que estuvieran cansados y agobiados podrían acudir a Él y recibir su descanso — una referencia literal al descanso sabático eterno prometido que Dios ofrece a quienes le sirven y le siguen fielmente (véase Mateo 11:28-30).

Por lo tanto, si nuestro deseo es "ver al Padre" o "encontrar el Reino", debemos observar toda la semana como nuestro descanso sabático, absteniéndonos del sistema mundial de "nosotros y ellos", "lo correcto y lo incorrecto", "lo bueno y lo malo", "lo masculino y lo femenino", y todas las demás formas de mentalidad separatista. Al evitar estos tipos de pensamiento, podremos renovarnos continuamente en la realidad de "Cristo en nosotros", que es la esperanza de gloria.

Ebrios de ilusión

Jesús dijo: "Me situé en medio del mundo. Y a ellos me presenté encarnado; los hallé a todos embriagados. Y no vi a ninguno con sed. Mi alma se entristeció por los hijos de la humanidad, pues tienen el corazón ciego y no pueden ver. Porque, vacíos ingresaron al mundo, y nuevamente vacíos intentan salir de él. Pero ahora están embriagados. Cuando se liberen del vino, entonces sus corazones cambiarán".

A lo largo del Evangelio de Tomás, se evidencia un patrón de repetición de frases que encierra un significado espiritualmente más profundo. En este contexto, la idea de "estar de pie" o expresar "estuve de pie..." funciona como una metáfora del despertar. Porque, ¿qué es lo primero que hacemos al despertar de un largo sueño? Nos levantamos.

De esta manera, cuando Jesús declara: "Me quedé quieto en medio del mundo", está comunicando que hubo un día en que despertó de la ilusión de la separación y la dualidad, reconociendo la verdad de nuestra Unidad con Dios y con todas las cosas. Al vivir este despertar, descansó, lo que significa que su mente y su corazón estaban en paz con todo. La comprensión de que todos somos Uno con Dios y entre nosotros nos proporciona descanso y serenidad, permitiéndonos relajarnos y dejar de esforzarnos por obtener algo que ya poseemos.

Al "levantarse" Jesús, quienes lo rodeaban empezaron a notar que él estaba despierto de una manera que ellos no lo estaban. Observaron que la encarnación de Cristo vivía en él y esto los atrajo hacia Jesús. Sin embargo, Jesús señala que ellos continuaban intoxicados y no tenían sed de toda la verdad. La gente pensaba que había algo diferente en Jesús, pero no estaban listos para aceptar esta realidad por sí mismos. Él estaba encarnado, pero ellos no. Él estaba despierto, pero ellos permanecían medio dormidos. Comprendía que el Reino estaba dentro, pero ellos no lo creían.

Al ver su ceguera y su conformidad con el statu quo, a Jesús se le parte el corazón. Su alma sufre por ellos. Percibe lo vacíos que se han vuelto al creer la mentira de que el Reino de Dios está fuera de ellos, que la Verdad es una realidad externa que deben encontrar, o un código que deben descifrar, o alguna información que deben obtener. La ceguera de la humanidad ante la realidad interior de Cristo crea un vacío, y esta ilusión los intoxica e inculca el Evangelio del Reino.

Pero aún hay esperanza para ellos, y para nosotros, porque Jesús afirma que aún está por llegar el día en que nos "sacudiremos" del vino y experimentaremos la verdadera "metanoia" que nos permitirá despertar a la realidad de nuestra conexión con Dios y con los demás. Este "Espíritu de Cristo" se ha interpuesto entre nosotros, manifestándose en la carne de Jesús. Su mensaje para nosotros es despertar de nuestro estupor ebrio, tener hambre y sed de la Verdad que nos libera, y abrir los ojos de nuestros corazones para ver la realidad de nuestra plenitud en Cristo, que lo abarca todo, en todos los sentidos.

La Fortaleza Visible

Jesús dijo: "Una metrópoli erigida sobre una elevada colina y fortificada no puede sucumbir. Tampoco puede permanecer oculta". Los expertos discrepan sobre si esta afirmación proviene de Tomás o si es una reinterpretación del pasaje de Mateo 5:14-15, donde Jesús declara: "Ustedes son la luz del mundo. Una ciudad situada en un monte no puede esconderse. Tampoco encienden una lámpara para ponerla debajo de un cajón, sino sobre el candelero, para que alumbre a todos los que están en la casa".

No obstante, no hay un acuerdo claro sobre cuál de las versiones es la original. Por ejemplo, un académico menciona que Fitzmyer considera que es una expansión secundaria de Mateo, mientras que Grant y Freedman creen que se fundamenta en Mateo, pero que "se ha combinado con otros elementos durante la transmisión". Por otro lado, Puech señala que Vaganay, basándose en el fragmento griego, ya había sugerido que provenía de una tradición independiente, y él mismo sugiere que podría ser más antiguo y completo que Mateo. Quispel ha identificado varios paralelismos en otros escritos, algunos ya señalados por Harnack y otros en sus estudios sobre el griego, que respaldan la opinión de que estamos ante una tradición independiente.

Por lo tanto, es posible que el dicho de Tomás sea el original, o quizás no. En cualquier caso, intentemos discernir lo que Jesús pretende que comprendamos acerca de la realidad del Reino. En el nivel más elemental, tiene sentido lógico afirmar que una ciudad edificada en una colina elevada y fortificada es más segura que una situada en un valle o sin protección. Una vez establecida una ciudad en una colina alta y rodeada de murallas, no solo será más sencilla de defender, sino que inevitablemente será altamente visible para todos los que se encuentren a kilómetros de distancia.

Esta observación revela una paradoja. Si se edifica una ciudad en una gran altura, rodeándola de murallas defensivas, sí, estará más protegida contra ataques, pero al mismo tiempo se convertirá en un objetivo más notorio. Es similar a rodear una casa con una gran verja, instalar cámaras de seguridad y tener perros guardianes. Esto puede dar la apariencia de mayor seguridad, pero también puede hacerla más atractiva para los ladrones, quienes no podrán evitar preguntarse: "¿Qué tienes dentro que justifica tantas medidas de protección?".

En otras palabras, una vez que se destaca el hecho de que se posee algo valioso que resguardar, puede invitar de manera involuntaria a las personas a intentar robarlo. Aquellos que vivían en la época en que Jesús pronunció estas palabras seguramente habrían comprendido que la razón para construir ciudades sobre grandes colinas y fortificarlas contra ejércitos invasores era protegerlas. Sin embargo, también habrían notado que tales medidas no siempre garantizan que estas ciudades "no puedan caer". Al contrario, ciudades de este tipo cayeron regularmente ante los ejércitos romanos y los ataques de bárbaros invasores.

Entonces, ¿qué está comunicando realmente Jesús aquí? Quizás sea la última frase a la que deberíamos prestar mayor atención: "Ni puede quedar oculto". Colocar algo valioso en un pedestal alto y rodearlo de medidas de protección es posiblemente la peor manera de mantenerlo alejado de aquellos que intentan saquearlo. Esconder los objetos de valor puede ser más efectivo que atraer la atención sobre el temor a perder el tesoro.

¿Podría esta ser una metáfora de por qué Jesús enseñaba a las multitudes mediante parábolas y hablaba abiertamente y de manera directa a su círculo íntimo? Para quienes no apreciaban los tesoros del mensaje del Reino, las parábolas de Jesús eran simples relatos de campesinos o pastores ocupados con sus tareas diarias. Pero para aquellos que tenían hambre y sed de Verdad, las parábolas insinuaban una sabiduría oculta y un tesoro enterrado, irresistible para quienes tenían ojos para ver y oídos para oír.

En otras palabras, Jesús no construyó su ciudad en una colina alta. No reveló abiertamente sus tesoros a todo el mundo. Él reservó esas pepitas especiales de la Verdad para quienes se acercaron y se inclinaron para aprender más. Los que se aventuraron más abajo, en el valle, descubrieron un gran tesoro de sabiduría por explorar. Las ciudades terrenales no contenían nada de valor real para aquellos seguidores de Jesús que se tomaron el tiempo de buscar, llamar e indagar sobre esa sabiduría más profunda de Cristo en sí mismos.

En resumen, si se desea proteger algo valioso, no se debe exponer, sino esconder en un lugar seguro.

La Serenidad en la Confianza

Jesús dijo: "No te inquietes de un día para otro por lo que necesites para vestir".

Esta frase evoca similitudes con los Evangelios Sinópticos del Nuevo Testamento. Mientras que la versión copta contiene varios de los versículos extendidos presentes en Mateo 6:25-28 y Lucas 12:22-27, la traducción griega se limita únicamente a la advertencia contra la preocupación por la vestimenta.

Quizás este simple recordatorio sea suficiente para captar la esencia de este concepto. La ansiedad no conduce a ninguna parte. Solo logra que nos enfoquemos en aquello que nos hace falta, en lugar de permitirnos disfrutar de la abundancia que ya poseemos, la cual es todo lo que necesitamos en este preciso momento. Pagar cuentas, comprar alimentos, mantener las luces encendidas y el alquiler al día no constituyen el propósito de nuestra existencia. Son distracciones de la gloriosa realidad de nuestra Unidad con Dios y de la belleza trascendental que esto conlleva.

Lo que se requiere es una transformación de paradigma que nos aleje de las preocupaciones de nuestra realidad material y nos acerque a la hermosa calma que habita en el núcleo de nuestra conciencia, en la conexión inseparable entre Dios y nuestro ser: día y noche, por los siglos de los siglos, sin principio ni fin. Este cambio de perspectiva es lo que brinda paz. Es lo que debemos recordar cuando las cosas que escapan a nuestro control invaden nuestros pensamientos, oscureciendo nuestras mentes ante la impresionante realidad del amor eterno de Dios y su presencia interior.

Inhala profundamente el aliento divino y recuerda que siempre te encuentras en casa, en el corazón mismo de Dios.

Revelación del Verdadero Yo

Los discípulos preguntaron a Jesús: "¿Cuándo te revelarás a nosotros y cuándo te veremos?". Jesús respondió: "Cuando os desnudéis sin avergonzaros y toméis vuestros vestidos, poniéndolos bajo vuestros pies como niños pequeños y pisoteándolos, entonces veréis al hijo del Viviente y no tendréis temor".

En cierto momento, los seguidores de Jesús le indagaron sobre cuándo les revelaría su "verdadero ser". Parecía sospecharen que él era más que un simple hombre o un sabio maestro, quizás un ángel o un ser espiritual enviado para transmitir un mensaje profundo desde los cielos.

Su respuesta, como hemos observado en dichos anteriores, está cargada de simbolismo y metáforas, abordando la pregunta original de una manera inesperada para ellos. La pregunta implica que Jesús les está ocultando información sobre sí mismo o que espera una fecha futura para quitar el velo y revelar la verdad oculta sobre su identidad. Sin embargo, Jesús sugiere que aquello que están esperando, en realidad, les está esperando a ellos. Lo que les impide ver a Jesús tal como es no es una fecha predeterminada en el calendario ni un evento profético por cumplirse, sino su propio sentido de privilegio y orgullo espiritual.

En otras palabras, cuando los discípulos estén dispuestos a abandonar su posición de sabios alumnos de Cristo, se convertirán en niños que no se preocupan por la percepción que los demás tienen de ellos. Su necesidad de ser considerados espiritualmente iluminados es lo que les impide ver a Jesús por lo que realmente es, y por lo que ellos mismos son.

Desnudarse y no avergonzarse es una metáfora tomada de la historia original de la creación en el libro del Génesis, donde la humanidad fue moldeada en la bondad original y formada en la inocencia pura sin sentir ninguna vergüenza de ser su yo pleno, completo y desnudo.

El Verdadero Yo representa la parte sin pretensiones de nosotros mismos; la aceptación plena de uno mismo sin juicios, críticas ni vergüenza. Cuando podemos regresar a nuestra inocencia original, donde el miedo y la vergüenza nunca existieron, finalmente podemos ver quién es Jesús y reconocer quiénes somos nosotros, porque somos uno y lo mismo.

En otras palabras, hasta que no podamos ver quiénes somos, no podremos esperar ver a Jesús tal como es, ya que no hay separación entre Jesús, nosotros mismos o cualquier otra persona. Reconocer la verdadera imagen de Cristo comienza con el reconocimiento del Cristo en todos, especialmente en nosotros mismos.

Como Jesús afirma aquí, una vez que nos volvamos como esos niños felizmente desvergonzados, "veremos al hijo del Viviente", que es Cristo, y "no tendremos temor". Convertirnos en niños nos permite ver la verdadera forma de Jesús, una forma verdadera que, como nosotros, es un hijo de Dios. Cuando eso suceda, todo miedo se disipará porque seremos conscientes del amor de Dios que impregna a todo ser vivo.

Búsqueda y Descubrimiento de la Verdad

Jesús dijo: "Muchas veces habéis deseado escuchar estas palabras que os digo, y no tenéis a nadie más de quien oírlas. Vendrán días en que me buscaréis y no me encontraréis".

Aunque este dicho es similar a lo que se lee en Mateo 13:16-17, Lucas 10:23-24 y Juan 7:34, aquí la diferencia radica en que Jesús no se refiere principalmente a un momento futuro en el que sus discípulos lo buscarán y no lo encontrarán. En cambio, les recuerda un tiempo anterior a conocerlo, cuando sus corazones anhelaban que alguien les revelara estas profundas verdades a sus almas.

Jesús invita a los discípulos a rememorar esa hambre original de verdad que alguna vez tuvieron, ese deseo insaciable que experimentaron, y a despertar a la realidad del Reino de Dios que nos rodea a todos.

En primer lugar, Jesús establece que hubo un tiempo en el que sus seguidores no eran conscientes de su Unidad con

Dios, de su conexión con Cristo y, a través de Cristo, con todas las cosas. Quiere que lo recuerden y se aferren a ese recuerdo. Desea que evoquen su experiencia previa de estar en la oscuridad y que recuerden aquellos días en los que estaban seguros de que había algo más en esta realidad que lo que se podía ver, saborear o tocar.

Jesús les recuerda que, incluso en su oscuridad, sus ojos anhelaban la luz y sus corazones ansiaban la verdad. Ahora, gracias a lo que Jesús les ha dicho, sus ojos se han abierto y sus corazones arden con la ardiente verdad del amor inseparable e interminable de Dios por ellos y por todas las cosas. Quiere que se detengan y reconozcan dónde están ahora, quiénes son actualmente y cómo sus corazones y mentes han sido transformados por esta nueva comprensión. Ya no son las mismas personas de antes, pues han sido completamente transformados por este profundo cambio en sus paradigmas acerca de quiénes son, quién es Dios y cómo todas las cosas son una en Cristo.

Por eso, cuando Jesús concluye diciendo "Vendrán días en que me buscaréis y no me encontraréis", no se trata de la misma triste añoranza que sufren sus discípulos en su ausencia, como suele leerse en dichos comparables de Mateo, Lucas y Juan. En cambio, al recordarles la verdad que una vez anhelaron comprender y señalarles cómo ahora tienen ojos para ver la realidad de la Unidad en Cristo, Jesús quiere que sus discípulos se den cuenta de que ya no necesitan buscarlo ni volver a encontrarlo. ¿Por qué? Porque ahora tienen los ojos bien abiertos. La Verdad les ha sido revelada. Ya no necesitan un maestro porque la lección ya ha sido impartida. Ya no necesitan un sanador porque su vista ha sido restaurada. Se les ha quitado la ceguera y pueden ver lo que antes solo soñaban:

la realidad de Dios que impregna todas las cosas, su conexión inseparable con Dios y su Unidad con toda la creación.

Como en el dicho anterior sobre los guías ciegos, aquí se trata de que los ciegos necesitan un guía y los que pueden ver no. Ahora que sus ojos están abiertos, ya no necesitan buscar al sanador de su ceguera. Ahora que el maestro les ha mostrado la respuesta, ya no tienen que cuestionar lo que es verdad.

Por eso, cuando los discípulos buscan a Jesús y no lo encuentran, esto es algo bueno, no malo. Antes de encontrar a Jesús, estaban en tinieblas y les faltaba entendimiento. Ahora que han encontrado a Jesús y sus ojos pueden ver, ya no lo buscan. Lo que buscaban los ha encontrado. Han llegado al lugar donde anhelaban estar: en la Presencia de la Verdad, en el centro de Dios y en la comprensión de que la separación de Dios es una ilusión.

Este dicho más completo de Tomás enmarca el viaje espiritual de los discípulos, desde el cuestionamiento original hasta el descubrimiento final, y luego a la conciencia de dónde se encuentran aquí y ahora, y quiénes son realmente —y siempre han sido— en Cristo. Están llenos de la plenitud de Cristo, que lo llena todo en todos los sentidos, y nada volverá a ser igual para ellos.

Las Llaves del Conocimiento

Jesús dijo: "Los fariseos y los escribas han tomado las llaves del conocimiento y las han escondido. No entraron, y a los que querían entrar no se lo permitieron. Pero ustedes, sean prudentes como serpientes y sencillos como palomas".

Nuevamente, Tomás nos presenta un dicho que también aparece de manera similar en otros Evangelios. En este caso, el dicho tiene paralelos en partes de Mateo 10:16 y también en Lucas 11:52. Sin embargo, en Tomás, la interpretación de este dicho difiere ligeramente.

Mientras que en Mateo 10:16 Jesús envía a sus discípulos "como ovejas en medio de lobos", instándoles a "ser astutos como serpientes y sencillos como palomas", aquí en Tomás, Jesús enmarca esta advertencia al señalar que los maestros de la Ley judía han ocultado las llaves del conocimiento y se han negado a entrar ellos mismos por la puerta.

Esta misma observación aparece en Lucas 11:52, pero en ese contexto Jesús acusa directamente a los "expertos en la Ley". No hay una advertencia para sus discípulos de "ser prudentes como serpientes o inofensivos como palomas".

Al combinar estas dos afirmaciones y situar la observación y la exhortación en una conversación privada — en lugar de como parte de una reprimenda pública a los fariseos o como un mandato apostólico a sus discípulos— el significado varía sutilmente. La enseñanza parece ser que existen dos formas posibles de actuar. Jesús contrasta la reacción de temor religioso de quienes esconden las llaves del conocimiento, impidiendo la entrada a otros, con la sugerencia de que sus discípulos deben esforzarse por ser sabios e inocentes al mismo tiempo.

Al resaltar este contraste, Jesús no está defendiendo el mal uso de esas llaves ni que se abran completamente las puertas del conocimiento. Por el contrario, está instando a sus discípulos a manejar con cautela esas llaves, ejercitando tanto la sabiduría de una serpiente como la pureza de una paloma al momento de abrir las puertas de la Verdad.

¿Qué implica esta sabiduría cuidadosa? ¿Cómo se manifestaría? Por un lado, Jesús critica la reacción temerosa de los maestros de la Ley al manejar las llaves de la Verdad. Al mismo tiempo, comprende que la falta de respeto por esas llaves es igualmente peligrosa. No contrapone ocultar las llaves a distribuirlas libremente. No sugiere que el remedio para bloquear la puerta sea abrirla completamente para todos.

Es un error ocultar las llaves de la sabiduría, afirma Jesús. Es insensato negarse a abrir la puerta y experimentar la Verdad por uno mismo, y es imprudente bloquear esa puerta para que nadie más pueda entrar. Pero debemos ser cuidadosos en cómo manejamos esas llaves, a quién abrimos la puerta y, sobre todo, estar dispuestos a entrar por esa puerta para atravesarla nosotros mismos.

Entonces, ¿cómo manejamos las llaves del conocimiento? Con sabiduría y pureza. ¿Cómo entramos nosotros mismos por la puerta de la sabiduría? Lo hacemos con el mismo equilibrio de sabiduría y pureza.

¿Y dónde encontraremos la mayor sabiduría y la sincera pureza necesarias para determinar quién está preparado para cruzar esa puerta y quién no? Al transformarnos plenamente en la realidad de Cristo al abrir la puerta y atravesarla nosotros mismos.

El mal uso de estas llaves que se nos han confiado puede manifestarse de muchas formas. Un ejemplo es ocultar esas llaves, negándonos a permitir que otros accedan a la Verdad. Otra forma es abrir la puerta y tirar la llave sin comprender primero por qué se nos confiaron esas llaves en primer lugar, o por qué la puerta estaba cerrada desde el inicio.

No todos están preparados para que les quiten la ceguera. No todos son capaces de ver la Luz. Existe un proceso natural de crecimiento y madurez que todos los seres vivos deben experimentar antes de estar listos para dar el fruto del Espíritu.

Nuestra responsabilidad es custodiar esas llaves con reverencia y temor; comprender plenamente por qué existen las llaves, por qué hay una puerta y por qué está cerrada desde dentro.

El primer paso es abrir la puerta y entrar. Después, todo se verá con más claridad.

La Vid Arrancada del Padre

Jesús dijo: "Una vid ha sido plantada sin el Padre. Y como no está arraigada, será arrancada de raíz y destruida".

Una vez que comenzamos a discernir el patrón dentro del Evangelio de Tomás, donde esencialmente cada dicho aborda la ilusión de la separación, la unidad de todas las cosas o, en ocasiones, nuestra capacidad de ver por nosotros mismos sin necesidad de un gurú o guía, resulta evidente cuán sencillo es descifrar la mayoría de estos dichos.

En este caso, el proverbio presenta un escenario en el que algo está "plantado sin el Padre", lo cual, para quienes empiezan a comprenderlo, es una imposibilidad, ya que nada puede existir fuera de Dios. Por lo tanto, este proverbio ilustra cuán insensato es imaginar que algo prospere "fuera" del Padre, dado que no existe un lugar donde el Padre no esté presente.

Como expresó el salmista: "¿A dónde me iré de tu Espíritu? ¿Y a dónde huiré de tu presencia? Si subo a los cielos, allí estás tú; si en el Seol hago mi estrado, he aquí, allí tú estás" (Salmo 139).

El apóstol Pablo fue más allá al declarar a los incrédulos paganos de Atenas que Dios era "Aquel en quien todos vivimos, nos movemos y existimos". Por consiguiente, imaginar que algo —una persona, una planta, un reino, un planeta, una galaxia, etc.— existe "fuera" de Dios es hablar de absurdos sin sentido, como un círculo cuadrado o un cubito de hielo caliente. Tales cosas no existen. Aquí, Jesús emplea esta parábola para enfatizar ese punto: Nada "plantado sin el Padre" puede sobrevivir. Separarse de Dios es dejar de existir, y como no hay nada fuera de Dios, para empezar nunca puede haber nada "plantado" en ese espacio imaginario.

Todo lo que existe está en Cristo. Todo lo que es, está dentro del campo del ser de Dios. Sin Dios, nada existe. Fuera del Padre no hay vida, no hay existencia, ni un lugar posible para plantar nada. La realidad está completamente definida por Dios, rodeada por Él y sustentada por Él. Todas las cosas fueron hechas por Él, para Él y a través de Él, y nada ha sido hecho aparte de Él. Cristo mantiene unidas todas las cosas: tú, yo, la luna, las estrellas, el universo mismo y todo lo que ha existido o existirá.

Cuanto antes aceptemos esto como el fundamento de todo ser y la base de toda realidad, antes comenzaremos a vivir en el Reino de Dios, donde Cristo lo es todo y está en todo;

donde estamos llenos de la plenitud de Cristo, que lo llena todo de todas las maneras posibles.

La Parábola de la Mano y las Llaves

Jesús dijo: "Al que tiene en su mano, se le dará más; pero al que no tiene, aun lo poco que tiene se le quitará".

Aquí encontramos otro dicho que tiene un paralelo en los Evangelios Sinópticos del Nuevo Testamento. Sin embargo, muchos estudiosos concuerdan en que esta versión en Tomás es única y "no traiciona ninguna dependencia de los evangelios canónicos, sino que representa una tradición independiente".

La versión Q de este dicho también aparece en el Evangelio de Lucas (19:26) como parte de la parábola del siervo que enterró el talento de su amo, así como en el relato de Mateo de la misma parábola en 25:29. En este contexto, el dicho parece referirse a castigar a quienes no son fieles con los tesoros que Dios les confía y a recompensar a los siervos fieles que invierten la riqueza y la sabiduría que han recibido de Dios para producir una mayor abundancia para los propósitos del Reino de Dios.

Es importante señalar que, incluso esta parábola de los talentos, tal como se encuentra en Mateo y Lucas, podría ser una que la mayoría de nosotros tendemos a malinterpretar. En lugar de ver a Dios o a Jesús como el Maestro o el Rey que "siega donde no sembró y recoge donde no esparció", otra forma de interpretar la historia podría ser ver a Jesús como el siervo que simplemente devolvió el dinero del duro capataz y se negó a participar en un sistema monetario tan explotador y codicioso de la economía de este mundo, por lo que fue expulsado de las puertas de la ciudad para ser castigado y torturado.

Una vez que reflexionamos sobre ello, esta interpretación se siente mucho más cercana a lo que Jesús realmente hizo y a lo que Jesús realmente experimentó al voltear las mesas de los cambistas en el Templo y al sufrir tortura y ejecución en una cruz fuera de los muros de la ciudad.

Al situar este dicho de Jesús en este contexto, se pierde la intención original del dicho tal y como aparece en el Evangelio de Tomás. Ahora solo podemos interpretarlo como la recompensa o castigo de quienes invierten o aprovechan los dones de Dios. Pero, si extraemos este dicho de esa parábola, podemos descubrir algo totalmente nuevo.

Antes de profundizar en ese punto de vista, vale la pena mencionar que en el Evangelio de Marcos —el más antiguo de los sinópticos— el dicho sigue a otro que también confunde el significado: "Con la medida con que midáis, se os medirá; y aún se os añadirá" (Marcos 4:24b).

Al colocar este dicho por encima del dicho sobre recibir de los demás lo que tú les das, y luego el dicho de Tomás sobre dar más al que ya tiene y quitarle al que tiene poco, también se oscurece enormemente el significado potencial de ambos refranes.

Una vez más, extraer estos dichos del documento de tipo Q para integrarlos en historias o parábolas, y luego agruparlos con otros dichos (como vemos en los sinópticos), confunde al lector y crea un contexto artificial para el dicho que no existía originalmente.

Por lo tanto, intentemos ver si podemos separar este dicho de esas conexiones en Mateo, Marcos y Lucas. Quizás podamos descubrir algo que falta totalmente en cada una de esas versiones.

En la versión de Marcos, el dicho es casi idéntico, salvo por la adición en Tomás de las frases "en su mano" y "lo poco que tiene". Esta diferencia puede ser significativa, ya que John Dominic Crossan señala que varios dichos de Tomás tienden a favorecer la imagen de "la mano" como metáfora recurrente que parece corresponder normalmente a la voluntad o la agencia individual de una persona.

En este caso, la idea de lo que tienes en la mano parece referirse a algo que realmente posees; una percepción a la que te aferras con fuerza y que no has soltado ni perdido. Para esa persona —la que se ha aferrado a la verdad— se multiplicará exponencialmente.

En este contexto, el dicho se asemeja más a la metáfora del grano de mostaza o a la parábola de la pequeña pizca de levadura que Jesús utilizó en otros lugares: parábolas usadas para explicar cómo la realidad del Reino comienza siendo pequeña y se expande inevitablemente hasta que impregna el jardín o la masa en la que está escondida.

Así, para aquel que ha captado la simple verdad sobre la ilusión de la separación y la Unidad de todas las cosas en Cristo, esa semilla de comprensión echará raíces y crecerá en su interior, para dar más fruto con más semillas que compartir con los demás. Pero, para aquellos que no tienen este entendimiento y que no ven esta verdad, la ilusión de separación continuará engañándolos, haciéndoles creer que están desconectados de Dios y de los demás.

¿Tenemos esta realidad en nuestras manos? ¿O permitimos que se escape entre nuestros dedos para volver a la ilusión de nuestra separación de Dios y de los demás?

La Transformación Continua

Jesús dijo: "Acérquense a la realidad mientras transcurre el tiempo".

Esta es una de las afirmaciones de Tomás que ha sido interpretada de diversas maneras. Algunas traducciones la expresan como: "¡Conviértanse en viajeros!". No obstante, esta versión ligeramente más extensa encierra una significación más profunda y ofrece matices adicionales en comparación con la variante más breve y sencilla.

Según académicos como Robert M. Grant y David Noel Freedman, se puede inferir que el dicho comparte el mismo sentido que las palabras de Pablo en 2 Corintios 4:16: "Aunque nuestro hombre exterior se va desgastando, el interior no obstante se renueva día a día". Otro texto gnóstico, Los Hechos de Juan, presenta una idea similar: "Muere para que puedas vivir" (dicho 76). Además, un antiguo erudito medieval, Petrus Alphonsi, recoge una enseñanza muy parecida en su obra Instrucción clerical: "Este mundo es, por así decirlo, un puente. Por lo tanto, crúzalo, pero no te establezcas en él".

Según el estudioso F. F. Bruce, estas palabras han sido atribuidas posteriormente a Jesús en algunas corrientes de la tradición musulmana, aunque en otras se les atribuye a Mahoma o a alguno de sus compañeros. El ejemplo más conocido de su atribución a Jesús en la tradición musulmana se encuentra en la entrada principal de la mezquita construida en 1601 en Fatehpur-Sikri, al sur de Delhi, por el mogol Akbar el Grande, que lleva la inscripción: "Jesús, sobre quien la paz sea, dijo: 'Este mundo es un puente. Atraviésalo, pero no construyas en él tu morada.'"

Sin embargo, el dicho de Tomás parece sugerir algo más que simplemente renunciar para experimentar una vida espiritual o eterna. Por el contrario, este enunciado insinúa que debemos "llegar a ser", en el sentido de que estamos siendo transformados espiritualmente día a día, incluso mientras morimos físicamente de manera gradual. Cada una de nuestras células perece una a una hasta que nuestra existencia temporal aquí concluye y nuestra vida en la eternidad se materializa.

Este dicho aparece únicamente en los dichos de Jesús del Evangelio de Tomás. Por lo tanto, se nos invita a interpretarlo a la luz de los demás dichos, que, como es sabido, siempre tratan sobre la ilusión de la separación, nuestra conexión con Dios y con todas las cosas, o nuestra capacidad innata para discernir la verdad por nosotros mismos. Considerando esto, parece que este dicho pertenece a la tercera categoría de dichos: aquellos que nos instan a cultivar la capacidad innata de ver y conocer la verdad sobre nosotros mismos, sobre Dios y sobre el universo.

En particular, este dicho nos anima a "nacer" como almas iluminadas y liberadas: individuos que perciben y comprenden con exactitud la realidad de la Unidad de todas las cosas en Cristo. Nuestro objetivo, entonces, debe ser alcanzar continuamente ese ser completamente realizado que reside en la plenitud de Cristo, quien nos llena a nosotros y al universo simultáneamente; llegar cada día a esta realización antes de perecer en la carne, y alcanzar la eternidad como uno con Aquel que es la base de todo ser.

Identidad de Jesús

Sus discípulos le preguntaron: "¿Quién eres Tú, para decirnos estas cosas?". Jesús respondió: "¿No comprenden quién soy por lo que les digo? En cambio, se han convertido en como los judíos. Porque aman el árbol y desprecian su fruto. Y aman el fruto, pero rechazan el árbol".

Este dicho guarda una gran similitud con un diálogo entre Jesús y los fariseos que se encuentra en el Evangelio de Juan, capítulo 8, donde le preguntan: "¿Quién eres tú?". Su respuesta es muy parecida a la que se observa aquí: "Lo que les he dicho desde el principio... Tengo mucho que decirles para juzgarlos. Pero el que me ha enviado es digno de confianza, y lo que he oído de él se lo transmito al mundo" (Juan 8:25-26).

Aquí, son los propios discípulos de Jesús quienes le interrogan sobre su identidad. En respuesta, Jesús compara a sus seguidores con los líderes judíos que han hecho la misma pregunta. Incluso hace referencia a "...las cosas que les estoy diciendo" como evidencia de su identidad, al igual que en Juan 8:26 donde afirma "exactamente lo que les he estado diciendo desde el principio".

Es otra curiosa coincidencia con el Evangelio de Juan. Sin embargo, en este caso, es el Evangelio de Tomás el que parece reaccionar a algo del Evangelio de Juan, en lugar de que Juan responda a algo de Tomás. Tal vez este dicho se añadió posteriormente, después de la publicación de la versión de Juan. De esta manera, la comparación con "los judíos" es una referencia directa a Juan 8:26. Si no es así, los paralelismos entre ambos textos podrían sugerir que ambos Evangelios se refieren a las conversaciones previas y posteriores: Juan relata el intercambio entre Jesús y los fariseos, y Tomás ofrece una visión de lo que Jesús y sus discípulos discutieron más tarde en privado.

En cualquier caso, este dicho implica una pregunta a Jesús sobre su identidad. Esta pregunta proviene de su propio círculo cercano de discípulos. No hay indicios de que sus seguidores duden de él, sino que simplemente desean saber más sobre quién es, o al menos conocer cómo se describiría Jesús con sus propias palabras.

Como sucede con la mayoría de quienes acuden a Jesús con una pregunta directa, no reciben respuestas directas. En su lugar, se les hace una pregunta para que reflexionen: "¿No comprenden quién soy por lo que les digo?". Esta pregunta los lleva a un estado de asombro y les hace recordar todo lo que Jesús les ha dicho hasta ahora. Si comprenden y creen lo que les ha estado comunicando, no tendrán dudas sobre quién es. De hecho, también entenderán quiénes son de una manera mucho más profunda.

Jesús continúa su pregunta con una observación única en este texto. Asegura que los líderes judíos que le cuestionan se han vuelto como aquellos que "aman el árbol y desprecian su fruto, y los que aman el fruto y rechazan el árbol".

¿Cómo se debe interpretar esta analogía? En lugar de analizar cada matiz de este dicho, simplemente retrocedamos y entendamos que no hay fruto sin árbol, ni árbol sin fruto, que provee las semillas para que el árbol crezca inicialmente. Son inseparables el uno del otro. No puede haber fruta sin árboles, ni árboles sin las semillas que provienen del fruto. El árbol y el fruto son uno.

Por ello, cuando Jesús dice que quienes dudan y le cuestionan aman el árbol pero desprecian el fruto, o viceversa, está señalando nuevamente que no existe separación entre Dios y la humanidad. No se puede amar a Dios si se odian unos a otros. No se puede amarse mutuamente si se odia a Dios. Dios es amor y todos están hechos a imagen de Dios, que es amor.

¿Cómo se puede afirmar que se ama a Dios si se odian a los hermanos y hermanas? ¿Cómo se puede amar el árbol y odiar el fruto de ese árbol? ¿Cómo se puede amar el fruto y odiar el árbol que lo produjo? Esta analogía no se refiere únicamente a Dios y a Jesús, sino a Dios y a todos los que están hechos a imagen de Dios, es decir, a todos.

Este dicho invita a profundizar en el misterio de la relación con Dios y con los demás. Al considerar la relación entre los árboles y los frutos, se puede apreciar lo absurdo que es odiar a uno y amar al otro. Es imposible separar el fruto del árbol, o el árbol del fruto. Si se acepta uno, se debe aceptar el otro. Si se ama la fuente, se debe amar lo que proviene de la fuente.

Cosecha Interna

Jesús dijo: "No se obtienen uvas de los espinos, ni higos de los arbustos espinosos, porque ellos no producen fruto. La gente buena genera cosas buenas de su interior. La gente mala produce cosas malas a partir de la reserva de maldad de su corazón, y emite palabras dañinas. Porque de la abundancia del corazón brotan cosas pervertidas".

En esencia, el fruto que se produce en la vida de cada uno—acciones, pensamientos, actitudes, palabras—revelará quién es realmente por dentro. Por lo tanto, aunque no se quiera admitirlo, lo que se es en el interior es lo que finalmente se manifiesta para que todos lo observen.

Cuando alguien es sorprendido realizando algo poco constructivo que puede parecer inapropiado, puede decir: "No soy así". En cierto sentido, tiene razón. Este comportamiento no está en consonancia con su identidad como alguien hecho a imagen de Dios o habitado por el espíritu de Cristo. Pero, en otro nivel, cualquier cosa vergonzosa que puedan haber hecho o dicho refleja alguna sombra más oscura de sí mismos que no han tomado el tiempo de reconocer o enfrentar.

Por eso Carl Jung insistía tanto en que uno debe confrontar su sombra y reconciliarse con ella para convertirse en una persona completa. O, como él dice:

"Llenar la mente consciente con concepciones ideales es una característica de la teosofía occidental, pero no la confrontación con la sombra y el mundo de las tinieblas. Uno no se ilumina imaginando figuras de luz, sino haciendo consciente la oscuridad."

En otras palabras, enfocarse en lo positivo no elimina lo negativo que se lleva dentro. Es necesario enfrentar la sombra, mirarla directamente y permitir que se convierta en lo que realmente es: nosotros mismos.

Cada vez que se niega la existencia de la sombra, fingiendo que no está presente o que no forma parte de lo que somos, solo se le da más energía y poder. Esto continúa hasta que, un día, inesperadamente, la sombra del yo se revela, para nuestra vergüenza y horror.

Jung, una vez más, nos recuerda que para conocernos realmente, debemos comprometernos a ser completamente honestos con nosotros mismos. Como él dice:

"Desafortunadamente, no cabe duda de que el hombre es, en general, menos bueno de lo que se imagina o de lo que desea ser. Todos llevamos una sombra, y cuanto menos se incorpora en la vida consciente del individuo, más negra y densa es. Si una inferioridad es consciente, siempre existe la oportunidad de corregirla. Además, está constantemente en contacto con otros intereses, por lo que está continuamente sujeta a modificaciones. Pero si está reprimida y aislada de la conciencia, nunca se corrige."

Nuestro yo en la sombra puede compararse a un niño pequeño que busca la atención de sus padres. Si se le ignora, se vuelve más ruidoso y escandaloso hasta que, finalmente, el padre se detiene y atiende al niño.

Así, lo que se dice, lo que se hace, cómo se actúa y el ambiente que se crea alrededor refleja quiénes son las personas en el fondo. El Yo Verdadero y el Yo Sombrío no son dos entidades separadas. Es necesario recordar que se está intentando alejarse de la ilusión de separación y divisiones en bueno/malo, correcto/incorrecto, nosotros/ellos. Por lo tanto, tanto el Yo Verdadero como el Yo Sombrío son dos caras de la misma moneda, no dos cosas diferentes. Ambos reflejan quiénes se es internamente. No es que el Yo Verdadero sea pura luz, mientras que el Yo Sombra sea un invasor extraño dentro de cada uno. Ambos son "nosotros".

Esto significa que cuando el Yo Sombra sale a la luz del día, no se trata de un error. Más bien, es una señal de que se ha ignorado la Sombra y se debe dedicar el tiempo necesario para reconciliarse con esa parte de uno mismo, la parte que se preferiría no reconocer que forma parte de cada individuo. Como dice Carl Jung: "Todos llevamos una sombra, y cuanto menos se encarna en la vida consciente del individuo, más negra y densa es. En todos los casos, forma un obstáculo inconsciente, frustrando nuestras intenciones más bienintencionadas".

Así que, no importa quién se diga que uno es, o la persona que se proyecta al mundo, ambas son ilusiones engañosas. No, lo que realmente se es en el interior es lo que produce fruto, tanto dulce como amargo, para que todo el mundo lo vea y lo experimente, le guste o no. El fruto que se da procede del núcleo de la identidad interior. Todos son luz y sombra. Ninguno es completamente oscuro o completamente luminoso. Esa es la buena noticia. La sombra no indica que no se tenga luz dentro, pero la luz tampoco elimina la oscuridad. Ambas coexisten en cada uno.

La gente puede saber quién es uno por cómo les hace sentir—bien o mal—porque, les guste o no, la vida de cada uno refleja su realidad interior. Los actos están orquestados por la música que resuena al ritmo del metrónomo del alma.

Una vez que se sepa quién se es en el interior—quién se es realmente—se descubrirá una versión más sincera y honesta de uno mismo. El yo que da los buenos frutos y mantiene el equilibrio entre la luz y la sombra.

Grandeza y Humildad

Jesús dijo: "Desde Adán hasta Juan el Bautista, no ha existido en la línea de descendencia femenina alguien más elevado que Juan el Bautista, a quien incluso podrían quebrantar los ojos. Sin embargo, he mencionado que cualquiera que se modere reconocerá el Reino y superará a Juan."

A diferencia de lo que ocurre en el dicho, donde Jesús alaba de manera jocosa a Santiago el Justo como "el motivo por el cual se crearon el cielo y la tierra", en este pasaje parece que Jesús realmente elogia a Juan el Bautista. Jesús afirma que no hay nadie "entre los descendientes de mujer que haya sido más exaltado que Juan el Bautista." Pero, ¿qué implica esto? Según los Evangelios Sinópticos, no hay indicios de que Juan fuera considerado superior a cualquier otra persona que haya vivido, especialmente según las propias palabras de Jesús.

Entonces, ¿cómo debemos interpretar las palabras de Jesús sobre la elevada posición de Juan el Bautista? Tal vez no debamos enfocarnos en las cualidades que hacen a Juan merecedor de tal honor. ¿Quizás Jesús y Juan eran grandes amigos? O, como algunos han sugerido, Jesús pudo haber sido inicialmente un discípulo de Juan el Bautista que asumió su lugar tras la decapitación de Juan por el rey Herodes Antipas.

Si esto fuera cierto, explicaría por qué Jesús enfatiza tanto el estatus elevado de Juan en este pasaje.

Sea cual sea la razón, Jesús otorga a Juan un elogio notable y luego sugiere que, por muy destacado que fuera Juan, nosotros "podemos ser más exaltados que Juan" si logramos una cosa: "hacernos pequeños". ¿Qué significa esto? ¿Cómo es posible "hacerse pequeño"? Tal vez es otra manera de decir que debemos "transformarnos y comportarnos como niños para ver el Reino", como menciona Jesús en Mateo 18:3. O quizá implica regresar a la sencilla sabiduría de "un niño de apenas siete días".

El contraste entre la condición de "exaltado" de Juan y la postura de "pequeño" de sus discípulos no es casual. Aquellos que se humillan son exaltados, y quienes se exaltan serán humillados, como dice Jesús en Mateo 23:12, reflejando la sabiduría de Proverbios 29:23: "La soberbia de uno le abatirá, pero el que es humilde de espíritu alcanzará honra."

Sin embargo, es difícil detenerse aquí sin cuestionar qué podría significar Jesús con la enigmática afirmación de que Juan el Bautista era tan exaltado que "los ojos de tal persona podrían romperse." ¿Qué implica esta frase? ¿Por qué añadió Jesús esta expresión a su enseñanza?

La mejor hipótesis es que Jesús advierte sobre los peligros de ser tan exaltado entre los hombres como Juan el Bautista, ya que esto puede llevar a olvidar la verdadera esencia. En otras palabras, cuando alguien es considerado un héroe o una figura religiosa sagrada, esto puede oscurecer la percepción, cegando la luz de Cristo que reside en el interior. Se puede comenzar a perder la perspectiva y a equiparar la propia luz personal con la luz omnipresente de Cristo que brilla dentro de todos.

El orgullo puede llevar incluso a alguien tan exaltado como Juan el Bautista a olvidar que no existen "nosotros y ellos". Cuando esto sucede, se empieza a separar de aquellos que no son tan exaltados, santos o justos como se cree ser. Además, cuando las personas que rodean a alguien lo elevan por encima de sí mismas, como suelen hacer los admiradores y seguidores, esta persona se ciega con su propia brillantez, olvidando frecuentemente la Unidad con Cristo y con todos los demás.

Por eso, Jesús sugiere que la única manera de ser "más excelso" que alguien como Juan el Bautista es "hacerse pequeño". Al lograr esto, nunca se caerá en la trampa de convertirse en tan exaltado que se pierda el contacto con la realidad.

Resplandor Primigenio

Jesús declaró: "Si alguien les pregunta: '¿De dónde provienen?', respondan: 'Provenimos de la luz, del lugar donde la luz ha surgido por sí misma, se ha establecido y se ha manifestado a través de su imagen'."

De manera similar al dicho anterior, prefiero la versión restaurada de William Duffy, basada en la traducción literal copta, que dice así: Jesús declaró: "Si alguien les pregunta: '¿De dónde vienen?', respondan: 'Venimos de la luz, del lugar (el Reino) donde ha surgido la luz. Extendiendo nuestras manos hacia fuera como uno solo, nos levantamos y aparecimos en nuestra verdadera semejanza'. Si alguien les pregunta: '¿Quiénes son ustedes para decir esto?', respondan: 'Somos sus hijos; somos los elegidos del Padre Viviente'. Si les preguntan: '¿Cuál es la señal de su Padre en ustedes?', respondan: 'Es el movimiento con reposo'".

La traducción restaurada de Duffy aporta muchos más matices al dicho, que según muchos estudiosos, fue corrompido por los copistas a lo largo de los años. Tomando esta versión como guía, se observa que se enfatizan muchos de los mismos elementos que en el dicho anterior: somos los elegidos de Dios, pertenecemos al Reino y un día retornaremos a él.

Lo que aquí se desarrolla es la naturaleza preexistente del ser. Provenimos de la luz, del mismo lugar donde la Luz misma —la fuente de toda luz— comenzó a existir. Esto es lo que somos: los hijos e hijas —los niños— de la Luz eterna de Dios, creados a imagen de la Luz, brillando con el resplandor puro de la Luz de Dios.

Extendemos la luz de Dios hacia fuera con nuestras manos, como uno solo. Al brillar junto a nuestros hermanos y hermanas despiertos, la luz de Dios irradia desde el interior hacia todos los que nos rodean. Somos embajadores de la luz brillante y sanadora de Dios, una luz que emana desde el interior mientras vivimos, nos movemos y existimos en y a través de esta luz.

Al levantarnos —una metáfora común utilizada en este Evangelio para encapsular el despertar del estado onírico en el mundo de fantasía de la separación hacia la gloriosa realidad de la Unidad con todas las cosas— nos aparecemos ahora "en la verdadera semejanza", brillando con una luz que no puede ocultarse ni encubrirse.

Cuando aquellos cuyos ojos aún están cerrados a esta luz preguntan: "¿Quiénes son para decir estas cosas?", la respuesta es simplemente: "Somos, como ustedes, los hijos de la Luz encarnada —del Padre cuyo propio rostro es como el de ustedes y el mío". Cuando solicitan una señal de la verdad de estas palabras, se responde: "El signo que buscan se revela en cada movimiento que hacen y en cada respiración que toman, mientras descansan en la realidad de su propia Unidad con el Padre".

En los movimientos se refleja la vida del Padre que vive en nosotros y nos da a cada uno nuestro propio aliento de vida. En el descanso, se está en paz sabiendo que somos Uno con el Padre, y el Padre es Uno con nosotros y con todo.

La Espera y el Presente

Los discípulos preguntaron a Jesús: "¿En qué día tendrá lugar el descanso de los muertos y cuándo vendrá el nuevo mundo?" Él respondió: "Lo que esperan ya ha llegado, pero no lo reconocen".

Creo que si pudiera elegir una frase del Evangelio de Tomás para transponerla a uno de los Evangelios Sinópticos, sería esta. ¿Por qué? Porque muchos cristianos hoy en día siguen esperando que Jesús regrese y lo arregle todo, ya sea mediante el rapto, la segunda venida o alguna intervención divina, esperando que "un día no muy lejano" Jesús de repente haga realidad todas esas maravillosas promesas de la Biblia.

Lo que parecen pasar por alto es que las Escrituras nunca dicen que Jesús regresará para hacer que esas cosas sucedan. Lo que sí indican es que, para quienes sigan el camino marcado por el Mesías, se producirá una transformación interior en la que la gente —por sí misma— decidirá "no estudiar más la guerra" o "convertir sus espadas en rejas de arado y sus lanzas en podaderas". Es decir, la transformación de nuestro mundo comenzará ese día.

Se creó una parábola basada en esta idea, con la esperanza de hacer más evidente a la gente por qué esta forma de pensar pierde totalmente el sentido de lo que Jesús enseñó. Esta es la parábola original:

Había un hombre sabio que les dijo a la gente: "Cuando llegue la sabiduría, compartirán su pan y su agua con todo el que tenga hambre y sed". La gente miró a su alrededor y vio que nadie compartía su comida ni su agua. Así que decidieron esperar y rezar para que llegara el día en que la sabiduría arribara y todos los sedientos bebieran y todos los hambrientos comieran. La gente cantaba canciones sobre el día en que llegaría la sabiduría. Buscaban en los cielos señales de la sabiduría venidera. Finalmente, los que tenían sed murieron y los que tenían hambre se consumieron. Y el pueblo siguió esperando, cantando y rezando.

Por si aún no está claro, el retorno de Cristo ya ha comenzado. Comenzó cuando el Cristo se encarnó plenamente en la persona de Jesús de Nazaret, una persona que enseñó a reconocer al Cristo que hay en cada uno, que conecta a todos y a todo lo que nos rodea, para que cada uno pueda convertirse también en las próximas encarnaciones de Cristo en el mundo.

El mismo Cristo que estaba en Jesús ya está en todos. A medida que cada uno despierta lentamente a la realidad de Cristo en todos, las personas se convierten en Uno con Cristo, y esto las convierte también en Uno con los demás. No se está (ni se debe estar) esperando a que Cristo venga porque Cristo nunca se ha ido. De hecho, Cristo prometió no dejar ni abandonar jamás. Cristo permanece en nosotros como nosotros permanecemos en Cristo.

Ahora somos las manos y los pies de Cristo en el mundo de hoy, como lo fue Jesús en su tiempo. Por eso, cuando los discípulos preguntan a Jesús: "¿En qué día resucitarán los muertos?", su respuesta es: "En cuanto se den cuenta de que están vivos". Y cuando le preguntan: "¿En qué día llegará el nuevo mundo?", su respuesta es simplemente: "El día que miren a su alrededor y se den cuenta de que ya están en el nuevo mundo".

Cuando dejamos de esperar a que las cosas cambien, podemos empezar a cambiar las cosas que hemos estado esperando. Somos quienes tienen el poder de transformar todo. Somos quienes estábamos esperando. Nadie más puede cambiar nuestro mundo.

En Pos del amor divino

La afirmación de Jesús, "Busca al Viviente mientras te encuentres vivo en Su presencia amorosa, para que no pierdas esta conciencia y no puedas encontrarlo al buscarlo después", extraída de la lectura alternativa de William G. Duffy, se acerca más a la comprensión adecuada de esta declaración.

Aunque inicialmente parece una advertencia sobre perder la oportunidad de ver a Cristo antes de la muerte y nunca más poder hacerlo, es más probable que el propósito sea enfatizar la urgencia de despertar a la realidad de nuestra Unidad con Cristo lo antes posible.

Por lo tanto, en vez de interpretar este dicho como una amenaza, como si fuese posible perder la oportunidad de tomar conciencia de nuestra conexión con lo Divino, probablemente esté expresado así para ayudarnos a comprender la importancia de despertar a la verdad.

Esto sería similar a otras declaraciones de Jesús que parecen hipérboles apocalípticas y que no deben tomarse literalmente, sino metafóricamente. Por ejemplo, cuando Jesús dice: "¿De qué te sirve ganar el mundo entero si pierdes tu alma?", no se refiere literalmente a perder el alma, sino a que el alma tiene un valor infinito sobre cualquier cosa que el mundo pueda ofrecer a cambio.

Basándonos en todo lo leído hasta ahora en el Evangelio de Tomás, la idea de que alguien no pueda ver la realidad y experimentar su Unidad innata con Cristo carece de sentido. Por lo tanto, es improbable que esto sea lo que Jesús busca enfatizar aquí. En cambio, el mensaje es que permanecer ciego a esta realidad de Unidad no es prudente.

Volvamos a examinar el dicho y prestemos atención al lenguaje utilizado:

Jesús dijo: "Busca al Viviente mientras te encuentres vivo en Su presencia amorosa, para que no pierdas esta conciencia y no puedas encontrarlo al buscarlo después."

Observemos que Jesús inicia diciendo que debemos "buscar al Viviente mientras estamos vivos en Su presencia amorosa". Esto simplemente nos exhorta a buscar y disfrutar de nuestra conexión con Cristo "mientras permanecemos en esta presencia amorosa." En cualquier caso, parece ser una declaración dirigida a aquellos que ya son conscientes de esta presencia interior.

Así, la primera parte del dicho se dirige a quienes ya hemos despertado a esta hermosa realidad de Unidad con la Presencia Viva de Cristo en nuestro interior. Jesús simplemente invita a seguir "buscando" y a mantenernos "vivos en Su presencia amorosa" que ya ha comenzado a manifestarse en la conciencia.

La segunda parte no se refiere a la muerte física. No dice "para que no mueras", sino "para que no pierdas esta conciencia", advirtiendo nuevamente sobre la posibilidad de perder la revelación inicial de la Unidad con Cristo.

En otras palabras, una vez que tomamos conciencia de la Presencia Amorosa de Cristo en nuestro interior, es necesario continuar buscando y manteniéndonos vivos en esta realidad; de lo contrario, podríamos deslizarnos lentamente de nuevo al estado de sueño onírico donde la ilusión de separación vuelve a nublar la visión.

El peligro no es morir físicamente y luego ser incapaz de ver a Cristo en el interior, sino ver la realidad de Su presencia amorosa y luego, de alguna manera, morir a esa conciencia y encontrarse nuevamente vagando en los páramos de la separación.

Descanso en el Sacrificio

Un samaritano transportaba un cordero al ingresar a Judea. Inquirió a sus discípulos: "¿Por qué lleva este cordero?". Ellos contestaron: "Para sacrificarlo y comerlo".

Él replicó: "No lo comerán mientras esté vivo, sino cuando lo hayan sacrificado hasta que se transforme en un cadáver". Ellos dijeron: "No puede hacerlo de otra manera". Entonces les dijo: "Busquen también un lugar de reposo en su interior, para que no se conviertan en cadáveres y sean devorados."

En cuanto a los dichos peculiares del Evangelio de Tomás, este es uno de los más enigmáticos. A primera vista, la secuencia de los acontecimientos es bastante clara: Jesús ve a un hombre que lleva un cordero. Pregunta a los discípulos por qué lo lleva. Ellos responden que tiene la intención de sacrificarlo y comerlo. Jesús lo confirma y señala que el cordero no puede ser comido hasta que no sea sacrificado y se convierta en un cadáver. Ellos están de acuerdo, diciendo: "No puede comer el cordero hasta que sea sacrificado", y entonces llega la lección: Jesús dice: "Busquen también un lugar de reposo interior, para que no se conviertan en cadáveres, como el cordero, y sean devorados."

Así concluye la enseñanza, pero... ¿cuál es el verdadero punto que Jesús intenta transmitir aquí? Una manera de entenderlo es que Jesús quiere que busquen un lugar de descanso dentro de cada uno para no ser masacrados y consumidos por el Mundo.

En otras palabras, mientras permanezcamos vivos —despiertos a la realidad de la conexión inseparable con la Fuente de la Vida— no podremos matar ni comer a nadie.

El mundo es muerte y cadáver, como se ha visto anteriormente en el Decir 56, por ejemplo:

Jesús dijo: "Quien se ha familiarizado con el mundo ha encontrado un cadáver, y el mundo no es digno de quien ha encontrado el cadáver."

Así, el objetivo es mantenerse centrado en lo que es real y en lo que —y quién— está vivo para siempre: El Cristo dentro y el Cristo fuera.

Encontrar ese descanso dentro de uno mismo es clave para mantenerse vivo y despierto, y es el escudo constante contra ser masacrados y devorados por la ilusión de separación perpetuada por el Mundo que nos rodea.

Sobre todo, nunca debemos dejarnos llevar como un cordero al matadero, sino comprender que los caminos de este Mundo siempre intentarán atar y conducir al lugar de la muerte para que podamos ser comidos y consumidos.

Unidad Iluminada

Jesús dijo: "Dos reposarán en un diván: uno morirá, otro vivirá." Salomé respondió: "¿Quién eres tú, oh hombre? Como un extraño te has subido a mi diván y has comido de mi mesa". Jesús replicó: "Soy yo, que vengo de lo que está integrado. A mí me dieron las cosas de mi padre". Salomé dijo: "Yo soy tu discípula". Jesús respondió: "Por eso digo que tal persona, una vez integrada, se llenará de luz; pero tal persona, una vez dividida, se llenará de tinieblas."

La primera frase proviene del documento fuente Q, pero también se cita de manera alternativa en Mateo 24, durante el conocido Discurso del Olivar. En ese contexto, la cita parece aludir a la repentina llegada del Día del Señor, utilizando ilustraciones similares a estas:

"Dos hombres estarán en el campo; uno será tomado y otro dejado. Dos mujeres estarán moliendo en el molino; una será tomada y la otra dejada." (Mt. 24:40-41)

A diferencia de esa referencia, aquí el dicho adquiere una naturaleza menos apocalíptica y se centra únicamente en la imprevisibilidad de cuándo puede ocurrir la muerte física, en un momento inesperado. Tal vez incluso mientras se está sentado a la mesa disfrutando de una comida con un amigo, como sugiere Jesús en este pasaje.

Lo que sigue es un diálogo poco común entre Jesús y una de sus discípulas, en este caso, Salomé, quien se identifica como una de sus "discípulas". Es importante considerar que muchos eruditos rechazan este dicho como una adición posterior al texto; sin embargo, Salomé era una de los discípulos de Jesús y una mujer. Su respuesta a Jesús constituye la mayor parte de este dicho, por lo que merece una examinación más detenida.

La reacción de Salomé ante la declaración de Jesús sobre los dos que reposan en un diván, donde uno morirá y otro vivirá, parece muy práctica. Mientras Jesús habla, ambos están reclinados juntos en un sofá y compartiendo una comida. Por lo tanto, ella no puede evitar preguntarse si está sugiriendo que uno de ellos—quizás ella—morirá y el otro no. En este contexto, su respuesta es bastante esperada, ya que él ha venido a su casa, está comiendo en su mesa y, de repente, parece insinuar que uno de ellos está a punto de morir. Ella responde: "¿Quién eres tú, hombre? Como un extraño te has subido a mi diván y has comido de mi mesa."

Esta reacción es muy natural. Salomé parece cuestionar implícitamente: "¿Estás hablando de mí?" y se pone un poco a la defensiva al notar que Jesús, "como un extraño, se ha subido a mi diván y ha comido de mi mesa."

Parafraseando, podría decirse: "¡Eh! ¿Quién te crees que eres? ¿Vienes a mi casa como mi invitado, te sientas en mi sofá, comes de mi mesa y luego me amenazas con la muerte súbita?"

Esta parece ser la reacción exacta que Jesús buscaba, ya que la abre a lo que él quiere expresar a continuación:

"Soy yo quien procede de lo que está integrado. Fui dado de las cosas de mi padre."

O, dicho de otro modo: "Yo soy el que está integrado, completo y entero; uno con todo y con todos. Solo transmito lo que el Padre me ha dado para decir."

A lo que Salomé responde: "Soy tu discípula."

Esta afirmación parece haberla tranquilizado lo suficiente para que Jesús desarrolle su primera declaración:

"Por eso digo que tal persona, una vez integrada, se llenará de luz; pero tal persona, una vez dividida, se llenará de tinieblas."

Su punto es que cuando ella se "integre" o "se una con Cristo y todas las cosas", también "se llenará de luz" como Él. De lo contrario, permanecerá dividida, o "no integrada" con Cristo, y se llenará de oscuridad, o muerte.

Así, las afirmaciones sobre la muerte y la vida al inicio parecen referirse menos a la muerte física y más a la vida y la muerte espirituales, o a vivir en un estado de luz o en uno de oscuridad.

La forma más práctica de entender este dicho es que Jesús observa que, en el diván de Salomé, hay dos personas: una de ellas está viva e "integrada" y la otra está muerta, o "no iluminada" ante la verdad.

No está claro si Salomé había comprendido previamente los numerosos dichos de Jesús sobre llegar a ser Uno con Cristo y simplemente los había olvidado temporalmente, quizás por eso Jesús sintió la necesidad de recordarle suavemente la ilusión de la separación. O quizás ella era una nueva discípula que escuchaba estas enseñanzas por primera vez.

En cualquier caso, Jesús aprovechó la ocasión para señalarle la realidad de la Unidad y la necesidad de ser consciente de dónde se origina la vida (en la conexión con Dios) y de dónde proviene la muerte (al estar cegados ante la inherente unidad con Cristo).

La Revelación de los Misterios

Jesús dijo: "A los que buscan mis misterios les revelo mis misterios. No dejes que tu mano izquierda entienda lo que hace tu mano derecha."

Algunas versiones de este dicho traducen la primera frase como "...los que son dignos de mis secretos", pero esta traducción parece más acorde con otros dichos de Jesús a Tomás. En realidad, nadie es "digno" o "indigno"; solo están aquellos que buscan o que están despiertos, en contraste con los que están dormidos o ciegos.

En este contexto, el dicho simplemente significa que quienes buscan encontrarán, y a quienes llaman, se les abrirá la puerta, como se lee en Mateo 7:7-8:

"Pedid, y se os dará; buscad, y hallaréis; llamad, y se os abrirá. Porque todo el que pide, recibe; el que busca, encuentra; y al que llama, se le abrirá."

El estímulo para el ser humano, entonces, es mantenerse hambriento y sediento de la verdad. Si lo hace, se llenará y saciará, como dice Jesús en su Sermón de la Montaña (Mateo 5:6).

La segunda parte de este dicho también se repite en los Evangelios sinópticos, pero en este contexto adquiere un nuevo significado.

Cuando se lee esta afirmación en Mateo 6:3-4, está en el contexto de dar a los pobres:

"Pero cuando des al necesitado, que no sepa tu mano izquierda lo que hace tu derecha, para que tu dar sea en secreto. Y vuestro Padre, que ve en lo secreto, os recompensará."

Sin embargo, en este dicho de Tomás, la frase se utiliza para referirse a buscar los misterios de Cristo y a la revelación de estos misterios.

Para desentrañar la referencia a la "mano izquierda/mano derecha", es útil entender que, en el antiguo mundo de Oriente Medio, la mano izquierda se usaba para limpiarse después de defecar y la derecha para comer. Estas distinciones eran obvias para cualquiera que viviera en el siglo I en esa región, por lo que no se puede descartar su uso aquí fuera de ese contexto.

Alegóricamente, la mano izquierda representaría el Ego; esa parte de uno mismo que está dominada por la mentalidad nosotros/ellos, mientras que la mano derecha representaría el Verdadero Yo, o el "Hombre", que simboliza a la persona iluminada que ha despertado a la Unidad de todas las cosas en Cristo.

Leído de esta manera, lo que Jesús insta a realizar aquí es la importancia de abandonar el Yo Ego—la mano izquierda—para enfatizar lo que el Verdadero Yo—la mano derecha—está haciendo.

Por lo tanto, se podría reformular todo este dicho de la siguiente manera:

"A aquellos que buscan comprender el Misterio, les revelaré el Misterio. No permitas que tu Ego conozca lo que tu Verdadero Ser está haciendo."

Este dicho es útil porque recuerda que se debe buscar continuamente vivir desde ese lugar de misterio que se despliega, y advierte que no se alimente el Ego que busca dominar y controlar. En cambio, el Verdadero Yo vive desde la realidad de la Unidad y solo busca estar en reposo y vivir en paz con todas las cosas, que están todas hechas en Cristo.

La Paradoja de la Riqueza y la Unidad

Jesús dijo: "Había un hombre rico que tenía muchas riquezas. Dijo: 'Voy a invertir mis riquezas para sembrar, segar, plantar y llenar mis graneros de cosechas, para que no me falte nada'. Estas cosas pensaba en su corazón, y aquella misma noche el hombre murió. Quien tiene oídos debería escuchar."

Este dicho recuerda la parábola de Lucas 12:13-20, en la que Jesús relata la historia de un hombre rico cuya gran cosecha de grano, en lugar de compartir su exceso con los pobres, decide construir graneros más grandes para almacenar su abundancia y relajarse en el ocio, solo para morir esa misma noche. La conclusión de esa parábola dice: "Así es el que acumula tesoros para sí y no es rico para con Dios."

Se podría sentir la tentación de aplicar esa misma lección a este dicho de Tomás, pero, como se ha visto muchas veces hasta ahora, esa no es siempre la mejor manera de enfocar este Evangelio.

En lugar de eso, tratemos de leerlo con ojos nuevos y busquemos significados ocultos que puedan provenir más de lo que Jesús dice en otras partes del Evangelio de Tomás que de lo que se cita en los textos sinópticos.

Sabemos por Tomás que Jesús a menudo equipara la riqueza con el Mundo y la pobreza con el Reino, lo cual es contraintuitivo en muchos sentidos, pero con un poco de reflexión tiene mucho sentido. El mundo y la riqueza tienen que ver con la competencia, el capitalismo, el materialismo y el centrarse en los propios deseos egoístas. La pobreza, por otro lado, consiste en aprender a contentarse con lo que uno tiene y vivir fuera de ese sistema económico de los que tienen y los que no tienen.

Así que, cuando Jesús dice aquí que había un hombre rico que tenía una riqueza considerable, está ilustrando cómo alguien puede distraerse con la ilusión de la separación y cómo la riqueza puede desempeñar un papel muy importante en ese proceso.

Lo que quiere decir es que se tiene un tiempo limitado para vivir en la realidad de la Unidad, y si no se ve a todos los que rodean como parte de uno mismo y de Cristo, se habrá desperdiciado la vida y malgastado los recursos con los que se haya sido bendecido.

Este dicho advierte sobre los peligros de permanecer dormido y ciego a la realidad de la Unidad y ayuda a entender hacia dónde puede llevar una perspectiva tan egoísta: a la verdadera pobreza de enriquecerse en cosas materiales sin disfrutar de la riqueza de la conexión con Dios y con quienes nos rodean, quienes están hechos a imagen y semejanza de Dios.

La Invitación Rechazada

Jesús contó: "Un hombre recibía visitantes de fuera de la ciudad. Después de preparar la cena, mandó a un sirviente a extender la invitación a los invitados. El primer sirviente fue y dijo: 'Mi señor te invita'. El invitado respondió: 'Algunos comerciantes me deben dinero; vendrán a verme esta noche y les daré instrucciones. Debo declinar la invitación para cenar'. El sirviente fue a otro y repitió: 'Mi señor te invita'.

Este respondió: 'No estoy disponible'. El sirviente se acercó a otro y dijo: 'Mi señor te invita'. Este también respondió negativamente. Luego, el sirviente habló con otro más: 'Mi señor te invita', y este dijo: 'Mi amigo se casa y seré yo quien dé la cena. No puedo asistir; debo rechazar la invitación'. El sirviente se dirigió a otro y le transmitió la invitación, recibiendo una negativa similar. Al final, el sirviente regresó y reportó a su amo: 'Los invitados han declinado'. El amo ordenó entonces: 'Ve a la calle y trae a cenar a quien encuentres'. Los compradores y mercaderes no ingresarán en los lugares de mi padre."

Este dicho ilustra que quienes se enfocan en acumular riquezas no están interesados en las realidades del Reino de Dios, sino en el mundo terrenal. Representa dos caminos distintos: uno orientado hacia el Reino de Dios, valorando la comunidad, la conexión y las relaciones; y otro hacia la acumulación de riqueza, valorando el lucro, las inversiones y las deudas.

La tensión entre la fe y la riqueza también está presente en los Evangelios del Nuevo Testamento y en las epístolas de Pablo, Santiago y Juan. Frecuentemente, se contrasta a los ricos con aquellos que poseen fe, considerándose justos únicamente a los que comparten su riqueza con los necesitados.

Por esta razón, muchos Padres de la Iglesia primitiva enfatizaron la importancia de la caridad entre los ricos dentro de la comunidad cristiana, sugiriendo que su salvación podía asegurarse mediante la donación de su excedente a los más necesitados.

Aquí algunos ejemplos de dichos de estos Padres de la Iglesia sobre este tema:

- "No estás regalando tus bienes al pobre. Le estás entregando lo que es suyo". - Ambrosio de Milán (340-397 d.C.)

- "La propiedad de los ricos los sujeta con cadenas... que encadenan su valor y ahogan su fe y obstaculizan su juicio y estrangulan sus almas. Se creen dueños de sí mismos, cuando más bien son ellos los dueños: esclavizados como están a su propia propiedad, no son los amos de su dinero, sino sus esclavos." - Cipriano (300 d.C.)

- "El pan de tu alacena pertenece al hombre hambriento; el abrigo que cuelga de tu armario pertenece al hombre que lo necesita; los zapatos que se pudren en tu armario pertenecen al hombre que no tiene zapatos; el dinero que pones en el banco pertenece al pobre. Haces mal a todos los que podrías ayudar pero no ayudas". - Basilio de Cesarea (330-370 d.C.)

- "No hacer partícipes de nuestros bienes a los pobres es robarles y privarles de la vida. Los bienes que poseemos no son nuestros, sino suyos". - Juan Crisóstomo (347-407 d.C.)

Una de las citas más destacadas sobre la fe y la riqueza proviene de la Didaché, una antigua colección de enseñanzas de los discípulos de Jesús utilizada para iniciar a los nuevos creyentes en el siglo I:

"Comparte todo con tu hermano. No digas: 'Es propiedad privada'. Si compartes lo que es eterno, deberías estar mucho más dispuesto a compartir las cosas que no duran."

Para muchos, estas citas pueden resultar chocantes o incluso ofensivas. Esto puede deberse a que provienen de familias de clase media, poseen propiedades o, al menos en comparación con quienes viven en pobreza real, son considerados prósperos y tienen más de lo necesario.

Sin embargo, el Nuevo Testamento, incluyendo las palabras de Jesús y Pablo, es muy crítico con aquellos que poseen riquezas y propiedades. Los pastores y líderes a menudo enseñan a ignorar este aspecto porque, en general, la versión americanizada del Evangelio tiende a celebrar la propiedad privada y el capitalismo siempre que es posible. Por ello, los versículos en los que Jesús, Pablo, Santiago y Juan critican a los ricos son ignorados o espiritualizados, de modo que "los pobres" se refieren a aquellos que espiritualmente desconocen el mensaje del Evangelio.

En este dicho, Jesús cuenta una historia que enfatiza cómo la riqueza aleja de los valores del Reino de Dios, concluyendo que "los compradores y los comerciantes no entrarán en los lugares de mi Padre". Esto no significa que se les excluya, sino que su propia ceguera les impide desear ingresar al Reino de Dios.

El Viñedo y sus Labores

Jesús relató: "Un hombre bondadoso poseía una viña y la entregó a labradores para que la trabajaran y recogieran sus frutos. Enviando a su siervo para recolectar el fruto de la viña, los labradores lo apresaron, lo golpearon y casi lo mataron, obligándolo a regresar con su amo. El dueño reflexionó: 'Quizás no lo reconocieron' y decidió enviar a otro siervo, pero los labradores también golpearon a este segundo siervo. Finalmente, el propietario envió a su hijo, pensando: 'Tal vez lo respeten, pues es mi heredero'. Sin embargo, al reconocer al hijo como el heredero, los labradores lo capturaron y lo asesinaron. Quien tenga oídos, que oiga".

Esta parábola requiere una interpretación cuidadosa. Inicialmente, el término "bondadoso" utilizado para describir al dueño podría no ser exacto. Algunos expertos sugieren que la palabra faltante podría ser "bueno", refiriéndose a una "persona buena" que arrendó la viña a inquilinos "malos", como en las versiones sinópticas. Otros plantean que podría significar "acreedor" o "usurero", retratando al propietario como un terrateniente explotador detestado por los campesinos pobres de Galilea.

Lo que sí es claro es que, si este dicho pertenece a los originales de Jesús en el Evangelio de Tomás, probablemente el mensaje sea que quienes buscan acumular propiedades o explotar a los trabajadores para su beneficio económico están ciegos ante la verdadera Unidad y conexión. No reconocen que la tierra y sus frutos pertenecen a todos, en todas partes.

En este caso, la parábola no pretende juzgar al terrateniente como malvado ni a los inquilinos como buenos. Más bien, la lección es evitar caer en la ilusión de la separación, que conduce a la pérdida y al conflicto. Tanto el dueño como los arrendatarios se engañan con las nociones de "nosotros/ellos" y "tuyo/mío", lo que deriva en acciones incorrectas y en el sufrimiento provocado por su propia ceguera.

Quien tenga oídos para oír, que escuche.

La Piedra Angular

Jesús dijo: "Muéstrame la piedra que los constructores han rechazado; esa es la piedra angular".

En otras palabras, las ideas que otros han descartado son precisamente las que debemos reconsiderar y adoptar como el fundamento de nuestra realidad.

La mentalidad común que domina nuestro mundo es justamente lo que Jesús señala que debemos rechazar, privilegiando esa idea fundamental que pocos aprecian. De hecho, la única realidad verdadera es la construida sobre la piedra angular. Todas las demás son ilusorias e inexistentes.

Conocimiento del Todo y del Ser

Jesús dijo: "Quien conoce el Todo y no se conoce a sí mismo, lo pierde todo".

Numerosos estudiosos consideran esta frase como una de las más complejas del Evangelio. Existen múltiples interpretaciones posibles: ¿Está afirmando que alguien que presume de saberlo todo realmente no sabe nada si no se conoce a sí mismo? ¿O que quien comprende la realidad cósmica puede perderlo todo si no se conoce a sí mismo? Quizás, incluso, que Cristo mismo pierde todo si no se reconoce como tal.

Desde mi perspectiva, la interpretación más coherente es que, aunque uno adquiera toda la sabiduría y comprenda los misterios del Todo, esto no tiene valor alguno si no reconoce que uno mismo es Cristo, el Uno y el Todo. Es posible captar la realidad de Cristo sin reconocerlo en todos y en todo. Gran parte del cristianismo contemporáneo enseña que Cristo es la segunda persona de la Trinidad y que el Verbo estaba con Dios en el principio, creando todas las cosas. Sin embargo, no reconocen que el mismo Cristo que trasciende tiempo y espacio es quien llena todo y a todos, y que cualquier noción de separación es una ilusión.

Este dicho no sugiere que conocerse a sí mismo sea más importante que conocer a Cristo, ya que eso implicaría que son seres separados. Más bien, Jesús nos indica que conocerse a uno mismo es conocer el Todo de manera completa y holística. Hasta que no reconozcamos que el Todo somos nosotros mismos, no habremos comprendido verdaderamente el Todo.

Este juego de palabras entre "el Todo" y "Todo" es deliberado. Paradójicamente, podemos conocer el Todo y, al mismo tiempo, perderlo todo si omitimos una pieza fundamental: nosotros mismos.

Bienaventurados los Perseguidos

Jesús dijo: "Bienaventurados seréis cuando os odien y os persigan, pues no encontrarán el lugar donde os perseguirían".

Este dicho sugiere que quienes no perciben el Reino son los que odian y persiguen a aquellos que sí lo ven. Además, implica que quienes atacan por abrazar la realidad del Reino de la Unidad y la conexión no hallarán su camino hacia el lugar donde nos encontramos.

Esto no significa que algunos ingresarán a esta Unidad mientras otros quedarán fuera, ya que sería imposible existir fuera de la Unidad absoluta con Cristo, quien sostiene toda la realidad y vida en el Universo. No obstante, sugiere que en esta vida, algunas personas pueden no ver o aceptar la realidad de la Unidad y la conexión. Al igual que una mano no puede decir "no formo parte del Cuerpo porque no soy un pie", quienes niegan la realidad del Cristo presente están tan inmersos en esta realidad como cualquier otra persona o cosa. Todos somos Uno en Cristo, lo reconozcamos o no. Aunque no nos demos cuenta, la realidad persiste.

Por lo tanto, si reconocemos que todos estamos conectados, incluso con quienes nos odian y nos persiguen, podemos ver lo que ellos no: que ya somos Uno en Cristo y que nos une un vínculo. Si no pueden verlo, nuestra respuesta no debe ser devolverles el odio o afirmar nuestra separación, porque sabemos que la separación es una ilusión y que el odio es incompatible con la interconexión con Cristo.

Así, podemos ser bendecidos incluso cuando somos atacados por quienes aún no pueden ver lo que nosotros vemos. Podemos incluso bendecirlos, ya que, consciente o inconscientemente, ya viven en la misma realidad de la Unidad con Cristo y pronto lo reconocerán.

Dichosos los Oprimidos

Jesús dijo: "Bienaventurados los perseguidos de corazón; éstos son los que han conocido al Padre en verdad. Bienaventurados los hambrientos, porque el vientre del que desea será saciado". Aquí, Jesús presenta dos bienaventuranzas para reflexionar o comparar con las del Sermón de la Montaña en los Evangelios del Nuevo Testamento. Se bendicen a los perseguidos y a quienes pasan hambre, aunque con matices diferentes.

En Mateo 5:11-12, por ejemplo, Jesús menciona a aquellos que son injuriados y perseguidos por su causa: "Bienaventurados seréis cuando os vituperen y os persigan, y digan toda clase de mal contra vosotros falsamente por mi causa. Alegraos y regocijaos, porque grande es vuestra recompensa en los cielos, pues así persiguieron a los profetas que os precedieron."

En el Evangelio de Tomás, no se menciona el sufrimiento por causa de Jesús ni se compara con los profetas anteriores. Jesús simplemente indica que sus discípulos, al sufrir persecución por seguir y enseñar su mensaje de unidad, deben consolarse sabiendo que tienen una verdadera conexión con Dios que quienes les atacan no pueden comprender.

La segunda bienaventuranza en este dicho de Tomás se relaciona con Mateo 5:6, donde Jesús dice: "Bienaventurados los que tienen hambre y sed de justicia, porque ellos serán saciados". En Tomás, Jesús amplía esta declaración enfatizando que el deseo interno es como un vacío que debe ser llenado. Este vacío se llena con lo que más se desea: ya sea comida, sabiduría, verdad o paz mental. Lo importante es que los deseos sean correctos y busquen lo que verdaderamente importa y satisface.

Por ello, es esencial tener cuidado con lo que se desea y ser consciente de qué deseos gobiernan el corazón y la vida. El vientre se llenará de lo que más se desea, por lo que es preferible desear el conocimiento de la presencia de Dios y la realidad de la Unidad con lo Divino, en lugar de deseos materiales que se desvanecen y reavivan continuamente. En su lugar, busquemos aquello que realmente nos satisface internamente y nos sustenta para la vida eterna.

La Expresión Interna

Jesús dijo: "Si manifiestas lo que llevas dentro, lo que expreses te salvará. Si no revelas lo que hay en tu interior, lo que reprimas te destruirá".

Hemos optado por la traducción propuesta por la erudita Elaine Pagels, ya que su interpretación resulta más coherente en comparación con otras versiones de este dicho.

Algunos expertos, como William Duffy, sostienen que lo no expresado debe ser amor porque, según él, "el amor es lo único que crece al compartirse". Sin embargo, esto podría no aplicar en este contexto. Considero que Jesús deja deliberadamente la respuesta abierta, permitiendo que cada quien complete el espacio vacío según su propia experiencia. Pienso que el dicho es válido tanto si lo que se comparte es amor, como si es dolor, ira, trauma, alegría u otra emoción humana.

Por lo tanto, al exteriorizar nuestro dolor, tristeza, amor o alegría, esta manifestación de lo que está oculto en nosotros nos brindará salvación. No obstante, si mantenemos estas cosas dentro y nos negamos a expresarlas, estas mismas emociones acabarán por destruirnos, tal como Jesús lo sugiere aquí.

En el libro "Black Elk Speaks", el gran místico nativo americano expresa una idea similar al decir: "Tuve un sueño y como no viví mi sueño, mi sueño me estaba enfermando". En otras palabras, no retener nada en nuestro interior. No esconder a los demás nuestro amor, dolor, tristeza o alegría. Permitir que fluyan, darlos a conocer. Compartir lo que llevamos dentro con los demás porque, como Jesús nos ha enseñado repetidamente en este texto evangélico, no existe separación entre uno y las personas que lo rodean. Guardar nuestras emociones y negarnos a compartir pensamientos, sentimientos e ideas con los demás es lo que hacen aquellos que caen en la ilusión de la separación. Sin embargo, al ser conscientes de nuestra Unidad con Dios y con los demás, no tiene sentido ocultar nuestros sentimientos y emociones a quienes están conectados con nosotros de una manera que apenas podemos comprender.

Nuestra Unidad con Dios implica que no hay nada que ocultar a Él. Nuestra Unidad con los demás significa que no hay nada que ocultar a los demás. De hecho, para practicar nuestra nueva realidad de interconexión, sólo tiene sentido compartir lo que hay dentro de nosotros con todos los que nos rodean sin temor.

Desde un punto de vista práctico, compartir lo que llevamos dentro con quienes aún viven en la ilusión de la separación puede no ser prudente. Aquellos que aún perciben el mundo desde una perspectiva de "nosotros/ellos" pueden utilizar lo que compartimos en nuestra contra o para su propio beneficio. Sin embargo, debemos sentirnos libres para confiar en quienes realmente reconocen nuestra Unidad con Dios y con los demás. Así celebramos nuestra Unidad con aquellos que la reconocen como nosotros. Es lo que los primeros cristianos denominaban "Koinonia" o "devoción continua de unos con otros".

Por lo tanto, este dicho es quizás uno de los más profundamente prácticos de todo el Evangelio de Tomás. Posee un significado y una claridad que nos ayudan a comprender la necesidad de compartir lo que llevamos dentro con quienes entienden la realidad de la Unidad. También nos advierte sobre los peligros de mantener cosas dentro de nosotros y crear divisiones internas que niegan nuestra Unidad con los demás y perpetúan la ilusión de separación de la cual siempre debemos esforzarnos por liberarnos.

Irrecuperable Ruina

Jesús dijo: "Destruiré esta casa, y nadie podrá edificarla de nuevo".

Sin considerar el contexto de los Evangelios canónicos, este dicho parece demasiado vago para desentrañarlo completamente. ¿A qué casa se refiere? ¿Su cuerpo? ¿El Templo? ¿Una casa física? ¿Y por qué nadie podrá reconstruirla, ya sea física o metafóricamente, de nuevo?

Esta segunda pregunta me parece más interesante que el significado de "casa" en la primera parte del dicho. Existe una cualidad evidente en este dicho que sugiere que no nos preocupemos demasiado por descifrar qué significa "esta casa" y, en su lugar, profundicemos en por qué nadie podría reconstruirla después.

En mi opinión, se asemeja bastante al sabio dicho de Heráclito, un filósofo griego del siglo VI a.C., que afirma:

"Ningún hombre pisa dos veces el mismo río, porque no es el mismo río y él no es el mismo hombre". Así que, si interpretamos este dicho de Jesús de la misma manera, lo que podría estar sugiriendo es que ningún hombre puede reconstruir una casa una vez que ha sido demolida porque no sería la misma casa, o templo, o cuerpo, o cualquier metáfora que se prefiera.

Otro experimento mental que sigue esta misma línea es la historia de un hombre que compra una mesa antigua en una tienda y la lleva a casa para restaurarla. Sustituye las cuatro patas porque están algo desgastadas y tambaleantes. Luego reemplaza el tablero de la mesa por uno nuevo porque el original estaba lleno de arañazos y manchas de agua. La pregunta es: ¿es la misma mesa? Y, por supuesto, la respuesta es no, no es la misma mesa. Creo que podemos encontrar una analogía similar aquí en este dicho de Jesús, donde observa que es imposible reconstruir algo una vez que ha sido derribado y destruido. Se puede hacer una nueva, pero nunca se puede recuperar la original por mucho que se intente.

Esto concuerda bastante bien con la analogía que Jesús utiliza en otro lugar sobre verter vino nuevo en odres nuevos. Debemos crear algo nuevo antes de poder introducir una idea nueva en ese entorno. En este caso, Jesús parece sugerir que derribar las viejas ideas y conceptos implica construir algo nuevo en su lugar, ya que las ideas y conceptos originales no pueden ser reconstruidos una vez que se han demolido.

Es como decir que no se puede desconocer lo que se conoce ni dejar de ver lo que se ha visto. Una vez que se ha visto la verdad, nunca se puede regresar a esa antigua forma de ver. Una vez que se conoce la realidad, no se puede volver a vivir en la ilusión que antes se aceptaba como real.

Por eso, cuando Jesús dice: "Destruiré esta casa y nadie podrá volver a construirla", creo que se refiere a esto. Jesús introduce un cambio radical de "metanoia" en nuestra perspectiva que derriba las viejas estructuras en las que antes vivíamos y apreciábamos, y ahora lo que reconstruyamos para reemplazar esos conceptos y estructuras será totalmente nuevo y completamente diferente de todo lo que experimentamos antes.

En todo caso, este dicho es una promesa de transformación y una descripción del proceso de deconstrucción y reconstrucción que todos experimentamos cada vez que nos encontramos con estas ideas radicalmente diferentes de la boca de Jesús. Lo viejo se ha ido, ¡he aquí que todas las cosas son hechas nuevas!

Compartir en Lugar de Dividir

Un hombre le dijo a Jesús: "Di a mis hermanos que repartan conmigo los bienes de mi padre". Él respondió: "Oh hombre, ¿quién me ha hecho repartidor?". Al dirigirse nuevamente a sus discípulos, les dijo: "No soy yo quien reparte, ¿verdad?".

Muchos eruditos tienden a interpretar este dicho como una frase jocosa o sarcástica en la que Jesús actúa casi como un comediante que dirige un chiste a sus discípulos con la solicitud del hombre. Aunque pueda parecer así, es más probable que Jesús esté aprovechando la ocasión para enseñar, no sólo para negarse a desempeñar el papel de árbitro en una disputa familiar por la herencia, sino también para recordar a sus discípulos que la división no forma parte de la realidad del Reino que está intentando enseñarles.

Si este hombre que hace la pregunta fuera uno de sus discípulos, entonces Jesús podría responder señalando que la división entre este hombre y sus hermanos es una ilusión, y que centrarse en la riqueza de este mundo —que es un cadáver— es literalmente un callejón sin salida. Incluso podría haber apartado al hombre y explicarle con más detalle lo importante que es para nosotros borrar esas líneas divisorias para poder experimentar la unidad de todas las cosas, que es la verdadera realidad de nuestro universo.

Pero este hombre no es uno de los discípulos de Jesús. Simplemente pide ayuda a Jesús para resolver una disputa familiar. De la misma manera que hoy nos arrodillamos y le pedimos a Dios que resuelva nuestros problemas económicos, o le rogamos que desenrede nuestras dificultades interpersonales, este hombre quiere que Jesús intervenga y lo arregle todo. Jesús no sólo se niega a ayudar al hombre, sino que también subraya nuestra necesidad de cambiar nuestra forma de ver antes de intentar cambiar lo que vemos.

Jesús no divide. La división es imposible para quienes perciben la realidad de nuestra Unidad con todas las cosas. Quien comprende esta realidad no buscará a nadie que le ayude a repartir una herencia con sus hermanos, sino que, por el contrario, buscará la manera de compartir esa herencia entre cada persona de la familia, y luego incluso extenderá ese reparto a cualquiera de su entorno cuya necesidad sea mayor que la suya.

Dividir las cosas entre hermanos sólo reduce la riqueza entre ellos. Compartir la herencia libremente reconoce su conexión mutua y celebra la abundancia que todos han recibido de su Padre. Esta es una gran lección para cada uno de nosotros. Una vez que reconozcamos nuestra conexión inseparable con el Padre y con los demás, buscaremos la manera de compartir lo que tenemos, no de dividirlo todo en partes iguales.

Cuanto más experimentemos la transformación "metanoia" desde dentro hacia fuera, más empezaremos a ver la realidad tal como es, y más reconoceremos a Cristo en todos como nuestra nueva forma de ser.

La abundante cosecha y la necesidad de obreros

Jesús dijo: "La mies es mucha, pero los obreros pocos. Rogad, pues, al Señor que envíe obreros a la mies".

En el Evangelio de Tomás, este conocido dicho de Jesús debe interpretarse desde una perspectiva novedosa, sin asociarlo automáticamente con la evangelización que suele venir a la mente del cristiano moderno debido a su uso en los Evangelios del Nuevo Testamento. Tomás no sugiere narrativamente que la cosecha sea una metáfora del Día de la Salvación, por lo que debemos interpretar el dicho recordando que todo en este evangelio nos recuerda la ilusión de separación o nuestra Unidad con Dios.

La metáfora central es "la cosecha", descrita como "abundante" o "verdaderamente grande". ¿Qué podría significar esta gran abundancia en el contexto de la Unidad presentada en el Evangelio de Tomás? El dicho anterior nos dio una pista al contrastar el compartirlo todo con dividirlo en partes iguales. Quizás la abundancia aquí se refiere a la mentalidad de abundancia de quienes perciben la realidad del Reino tal como Jesús la revela. Todo es uno y está interconectado. No existen seres distintos y aislados unos de otros, sino una sola conciencia que abarca todo el Universo. Esa es la mayor abundancia imaginable: no una parte, ni siquiera la mitad, sino la totalidad de todo lo existente.

Si estamos en lo correcto, Jesús desea que entendamos que la cosecha abundante es la plenitud de la Unidad con todas las cosas. Sin embargo, los trabajadores en este campo de abundancia son escasos. ¿Será porque pocos reconocen el alcance infinito de la cosecha que se extiende sin fin en todas direcciones? Es posible. Y si es así, la respuesta es "suplicar al Señor que envíe obreros a la mies", o pedir al Espíritu Santo que abra los corazones y mentes de quienes aún no pueden ver la cosecha, para que eventualmente todos puedan despertar a la maravillosa generosidad de la abundante realidad del Reino de Dios.

Al abundante y copioso Reino solo le faltan trabajadores con ojos para verlo y disfrutarlo. Lamentablemente, pocos anhelan la hermosa presencia de Dios. Oremos para que más personas busquen el rostro de Dios y anhelen esa abundancia sin fin.

Sed de verdadera sabiduría

Jesús dijo: "Señor, hay muchos cerca del pozo, pero nadie en el pozo".

Este dicho resulta problemático, ya que no queda claro quién lo pronuncia. ¿Es Jesús quien dice: "Señor, hay muchos alrededor del abrevadero, pero nada en la cisterna"? ¿O es un discípulo anónimo, quizás Tomás, quien se dirige a Jesús?

Es improbable que se trate de un discípulo, dado el uso de la frase "Oh Señor" y el hecho de que Jesús ha establecido en repetidas ocasiones que él no es su Maestro o Señor. Tal vez se busca reflejar algo que Jesús dijo a sus discípulos, utilizando la referencia al "Señor" simplemente para dar un efecto dramático.

Diversos eruditos han señalado que este dicho también es citado por otros filósofos en diferentes contextos. Por ejemplo, F.F. Bruce menciona que Celso, el escritor anticristiano del siglo II, cita el dicho en griego del "Diálogo Celestial" de los gnósticos ofitas, y lo compara con un dicho de misterio griego citado por Platón: "Los portadores de varitas son muchos, pero los iniciados son pocos". Por su parte, Gerd Ludemann indica que este notable aforismo circulaba entre el grupo gnóstico de los ofitas y pretendía animar al gnóstico a dejar de ser un espectador y entrar al pozo para beber también el agua del conocimiento.

Así, es posible que los lectores de finales del siglo I y principios del II ya estuvieran familiarizados con este dicho, el cual parece sugerir que algunos solo sorben de la fuente de la verdad, mientras que pocos se atreven a sumergirse en las profundidades. Evoca otro dicho que expresa: "Algunos beben de la fuente del conocimiento, otros solo hacen gárgaras".

El significado en ambos casos es el mismo: solo un pequeño número de personas tiene la valentía de sumergirse en el pozo de la experiencia Divina. La mayoría se conforma con beber de la fuente sin atreverse a zambullirse por completo en el río de la vida.

El desafío es mirar en nuestro interior para determinar qué tipo de persona somos en este escenario. ¿Tenemos miedo de sumergirnos en la fuente? ¿Tememos lo que podríamos encontrar en el fondo de ese pozo? ¿O nos llena de alegría saber que las aguas divinas de la vida y la verdad burbujean a nuestros pies? ¿Anhelamos los misterios más profundos de Dios?

Es imposible evitar percibir un elemento mimético en este dicho. Las personas que rodean el pozo siguen las convenciones de su sociedad. Nadie quiere parecer tonto ante los demás, por lo que, incluso en presencia de esta fuente de sabiduría divina, se limitan a seguir la corriente y sorber despreocupadamente de sus vasos, como si fuera agua común, fingiendo no estar desesperados por que esta agua sacie la sed que llevan dentro. Si tan solo uno de ellos tuviera el coraje de expresar la alegría que siente ante la abundancia de Dios, los demás se sentirían libres de hacer lo mismo. Pero ninguno es lo suficientemente valiente para desafiar la ilusión o romper el poder de su ego, que les exige simular indiferencia ante el milagro que tienen ante sí.

La respuesta a este dicho debería ser examinarse a uno mismo para ver si se finge estar lleno mientras, por dentro, se está vacío y sediento. Si se tiene sed, se invita a venir y beber libremente de esta fuente de agua viva. Pero si se está desesperado por Dios, no bastará con un sorbo de esta pequeña copa. Habrá que zambullirse de cabeza en las profundidades infinitas de la presencia de Dios y llenarse de las aguas cristalinas del amor divino que fluyen desde el centro del corazón de Dios hasta el propio.

La Elección del Solitario

Jesús dijo: "Hay muchos que esperan en la puerta, pero será el individuo solitario quien acceda a la cámara nupcial".

A esta altura, la interpretación de estas palabras de Jesús, extraídas del Evangelio de Tomás, debería volverse más clara. En este dicho, Jesús nuevamente contrasta la futilidad y superficialidad de "los muchos" frente al éxito y sabiduría de "el solitario".

De manera reiterada en estos dichos, Jesús describe el Reino como algo accesible únicamente para uno y no para muchos. Es similar a cuando menciona al "pescador sabio" que descarta todos los peces pequeños en favor de uno grande, o cuando explica que la entrada al Reino de Dios depende de comprender cómo los dos deben unirse. Aquí, Jesús señala una vez más que muchos estarán en la puerta de la cámara nupcial, pero solo una persona, solitaria e integrada, podrá ingresar.

La metáfora de la cámara nupcial es una referencia común al Reino de Dios en los textos del Nuevo Testamento, sugiriendo una intimidad suprema con Dios, similar a la unión de marido y mujer en la noche de bodas. Esta imagen, a la que también alude el Evangelio de Juan, ilustra nuestra profunda unión con la Divinidad, como cuando Jesús declara: "Y esta es la vida eterna: conocer (ginosko) a Dios y a su Hijo...". La palabra "ginosko" en griego se utiliza para describir un conocimiento que solo se alcanza cuando dos personas, como esposos, mantienen relaciones íntimas, experimentándose plenamente en una unión vulnerable de cuerpo y alma.

Por ello, la metáfora de la Cámara Nupcial es tan efectiva en este contexto. Es una representación vívida de la íntima unión entre la carne y el espíritu, lo humano y lo Divino, cuando nos encontramos completamente con Dios de la manera más transformadora posible.

Como señala F.F. Bruce, la "cámara nupcial" aparece en varios textos gnósticos como el lugar donde el alma se reúne con su esencia; solo es accesible para los "solteros". Los gnósticos valentinianos celebraban un sacramento de la cámara nupcial, a través del cual recibían la luz. Según el Evangelio de Felipe, "si alguien se convierte en hijo de la cámara nupcial, recibirá la luz; si alguien no la recibe en este lugar, no la obtendrá en otro". Hay una similitud superficial con la parábola de las diez vírgenes, pero es en el banquete de bodas, no en la cámara nupcial, donde se admiten las vírgenes prudentes.

Así, para "entrar en la cámara nupcial", uno debe ser soltero o soltera. No en el sentido de no estar casado, aunque podría argumentarse que ser soltero es una metáfora para describir a alguien dedicado únicamente a Dios, sino en el sentido de no estar dividido internamente. Mientras se mantenga la noción de separación de Dios o de los demás, se permanecerá fuera de la cámara nupcial.

Hasta que se pueda abrazar completamente la realidad de la Unidad con Dios, se concederá la entrada a la cámara nupcial y se experimentará el éxtasis de la unión Divina con Dios de manera directa.

La Perla del Reino

Jesús dijo: "El reino del Padre se asemeja a un comerciante que tenía una carga de mercancías y halló una perla. Este comerciante fue prudente; vendió toda su carga para adquirir únicamente la perla. De igual manera, busquen su tesoro, el cual es inmutable, donde ni la polilla ni el gusano lo destruyen".

Aunque este dicho puede resultar familiar para quienes han leído los Evangelios Sinópticos del Nuevo Testamento, la esencia de esta parábola en Tomás es similar pero aplicada de manera ligeramente diferente.

En Mateo y Lucas, la parábola simplemente destaca el valor incalculable del Reino en comparación con las riquezas mundanas, instando a renunciar a posesiones que se oxidan y deterioran para obtener el Reino de Dios, que es eterno. Sin embargo, en el Evangelio de Tomás, el dicho sugiere algo más profundo. Considerando que Jesús siempre desea resaltar la realidad de la Unidad y la ilusión de la separación, así como busca que reconozcamos nuestro Verdadero Yo y rechacemos nuestro Falso Yo o Ego, los elementos de esta parábola adquieren nuevos significados.

La mercancía simboliza el falso yo del ego, mientras que la perla y el tesoro representan el Verdadero Yo que cada persona posee; la parte interna conectada con la presencia Divina de Dios. Vender la mercancía es una metáfora para deshacerse del yo egoico y abrazar el Verdadero Yo. Los "gusanos" y la "polilla" hacen referencia a los gusanos literales que consumen la carne al morir y a las polillas que destruyen los adornos físicos que cubren nuestros cuerpos. Estos gusanos pueden "devorar" nuestra carne, pero no pueden atacar nuestro Verdadero Ser, que está más allá de su alcance. Asimismo, la polilla no puede destruir nuestro Verdadero Ser, ya que este no posee forma física.

A diferencia de otros en el Nuevo Testamento, el significado de este dicho es que nuestro yo egoico debe ser abandonado para adquirir el tesoro de nuestro Verdadero Yo interior, donde nada puede morir, decaer o ser destruido por fuerzas externas. Estamos en una unión eterna con el Espíritu Divino de Dios, y nada puede alterar eso. Reconocer esta realidad nos despierta al Reino del Padre que reside en cada uno de nosotros.

Presencia Omnipresente

Jesús dijo: "Yo soy la luz que está sobre todos ellos. Yo soy el Todo, y el Todo ha emergido de mí y el Todo ha regresado a mí. Partid un trozo de madera y ahí estaré. Levantad la piedra y ahí me hallaréis".

Si existiera un Salón de la Fama para los dichos más profundos de Jesús de Tomás, este se encontraría entre mis favoritos. Aquí, Jesús se identifica como la luz que ilumina todo, en todas partes. Se autodefine como el "Todo", refiriéndose únicamente a la Única y Verdadera Fuente Divina, frecuentemente llamada "Padre" o "Dios". Jesús no solo afirma ser el Todo, sino que también señala que "el Todo ha salido" de él y que "el Todo ha vuelto" a él. Esta salida y retorno deben entenderse como un único movimiento. Tanto la emanación de Dios como el regreso a Dios constituyen la misma acción. La unidad del Todo permanece inalterada por la salida o el retorno. Por lo tanto, podemos estar seguros de que también somos el Todo que ha salido y somos el Todo que retornará a la Fuente Divina, ya que no existe separación entre nosotros y el Todo, ni entre el Todo y nosotros.

Esta realidad de Unidad continua con el Todo se ilustra magníficamente en la última frase: "Partid un trozo de madera y ahí estaré. Levantad la piedra y ahí me hallaréis". En otras palabras, Jesús y el Todo están presentes en todo y en todas partes. La ilusión de separación no es más que eso: una ilusión. Jesús—que es el Todo—habita en todas las cosas; cada trozo de madera, cada piedra, cada centímetro cuadrado de materia en el universo, y cada uno de nosotros, sin importar quiénes seamos, dónde vivamos o cuándo existamos en el espacio o en el tiempo. El Todo es todo. El Todo está en todas partes. El Todo nunca se separará. El Todo fluye y refluye, pero siempre es el Todo que brilla en todas partes. No podemos ir a ningún lugar donde el Todo no esté. No podemos estar en ningún sitio donde el Todo no se encuentre. Cada brizna de hierba, cada ráfaga de viento, cada estrella brillante, cada ser vivo, cada piedra, río, árbol y objeto material es el Todo, y el Todo es todo.

Esto implica que el Todo—o Dios—es Aquel en quien todos vivimos, nos movemos y existimos. También significa que el Todo—o Dios—vive, se mueve y tiene existencia en cada uno de nosotros. Este ciclo no se rompe. Esta realidad es todo lo que existe. Nosotros, al igual que Jesús, podemos mirarnos en el espejo y repetir estas mismas palabras: "Yo soy el Todo, y el Todo ha salido de mí, y el Todo ha vuelto a mí. Partid un trozo de madera y ahí está el Todo. Levanta la piedra y ahí encontrarás el Todo".

No somos quienes somos sin la eterna presencia divina de Dios, y Dios no es quien es sin nuestra vida y presencia en este lugar y momento. O, como lo expresó una vez el apóstol Pablo: "Cristo es todo y está en todos". (Col. 3:11)

Verdad en la creación y en el poder

Jesús dijo: "¿Cuál es el motivo de su salida al campo? ¿Acaso para observar una caña sacudida por el viento? ¿O para contemplar a un hombre vestido con ropas suntuosas? (Miren, sus) reyes y sus grandes hombres, ellos son quienes portan vestiduras elegantes y (no) podrán discernir la verdad".

Muchos estudiosos de este pasaje suelen centrarse en la comparación que Jesús establece entre los ricos, aquellos que "portan vestiduras elegantes", y quienes "no son capaces de discernir la verdad". Si bien este aspecto es sin duda relevante, no creo que sea el único, ni siquiera el principal, mensaje que Jesús desea transmitir aquí.

En los Evangelios canónicos, Jesús realiza esta observación en referencia a Juan el Bautista, pero en este contexto no señala a ningún individuo en particular. En su lugar, Jesús plantea la pregunta: "¿Cuál es el motivo de su salida al campo?". Esta interrogante, al no estar vinculada a Juan el Bautista, nos invita a reflexionar sobre a qué campo se refiere y qué impulsa a alguien a dirigirse hacia el campo en primer lugar.

Otras versiones de esta frase emplean el término "desierto" en lugar de "campo", distanciándose un poco de la referencia al Bautista. "¿Por qué -cuestiona Jesús- han salido al desierto? ¿Qué buscaban?". Esto es mucho más amplio, ¿no es así? Nos permite reinterpretar la declaración de manera más general y, con suerte, permanecer abiertos a interpretaciones más extensas.

¿Por qué razón alguien decidiría salir al campo? ¿Es para observar las cañas que el viento agita? Posiblemente. Quizás simplemente deseamos escapar de nuestra rutina cotidiana. ¿Tal vez buscamos la tranquilidad en la belleza y la serenidad de la naturaleza? Todas estas son razones válidas por las que cualquiera de nosotros podría elegir salir al campo.

No obstante, Jesús introduce un elemento inusual en este escenario hipotético: Reyes y grandes hombres (gobernantes y cortesanos) que visten ropas lujosas y que, según afirma Jesús, "(no son) capaces de discernir la verdad". ¿Cuál es el propósito de todo esto? ¿De dónde proviene esta idea? ¿Quién esperaría salir al campo para escapar de la rutina diaria y reconectarse con la belleza y la simplicidad de la naturaleza, solo para encontrarse con los gobernantes adinerados y los agentes del poder político que se sienten más cómodos en la ciudad? Tal vez esa sea la cuestión: no esperaríamos ver a políticos ricos y poderosos en el campo. ¿Por qué? Porque su lugar está en los centros de poder, donde pueden ser vistos, venerados y envidiados por las multitudes. En el campo no hay multitudes. En la belleza natural, su poder carece de significado; su fama y su riqueza pierden sentido. Aquí, donde sopla el viento, cantan los pájaros y fluye el río, su grandeza no importa. Sus ropas lujosas se desvanecen en comparación con los lirios del campo. Sus joyas no se comparan con la belleza del atardecer. Su fama no significa nada frente a la asombrosa Creación de Dios.

Por lo tanto, considero que Jesús afirma que nadie sale al campo, hacia la Naturaleza, con la expectativa de encontrar esas expresiones vacías, superficiales y vanas de poder, riqueza y fama. No, nos dirigimos a la Naturaleza para darnos cuenta de la Verdad sobre lo Divino: que Dios está en todas partes. Descubrimos, en la tranquila quietud de la creación, la realidad de que somos Uno con Dios y Dios es Uno con todas las cosas. Aquellos que persiguen el poder, la riqueza y la fama no pueden reconocer la Verdad de la conexión Divina. Se distraen con esas búsquedas insensatas y efímeras que los alejan de Dios, en lugar de acercarlos.

Nuestra misión, entonces, es seguir saliendo al campo donde la Verdad puede ser hallada y lo Divino puede ser experimentado sin esas distracciones creadas por el hombre que nos sumergen en el profundo sueño del materialismo y la ilusión de separación. Nadie puede realizar ambas cosas simultáneamente. No es posible perseguir el poder, la riqueza y la fama mientras se busca conocer la Verdad que nos libera. No se puede vivir en la ciudad y en el campo al mismo tiempo. Es necesario elegir enfocar la energía en una u otra, metafóricamente hablando. O uno se enamora de la búsqueda de la riqueza y las posesiones materiales, o se dedica a buscar lo Divino en la realidad de la creación que nos rodea constantemente.

Prosperidad Espiritual

Jesús dijo: "Quien ha acumulado riquezas debe ejercer el dominio. Y quien posee autoridad, que abdique".

¿Por qué Jesús sugeriría que los acaudalados gobiernen? ¿Acaso no ostentan ya suficiente poder? Tal vez insinúa que quienes tienen riquezas o anhelan obtenerlas también deberían aspirar a alcanzar un gran poder. Ambas aspiraciones son engañosas. Ni las riquezas ni el poder persistirán más allá de la muerte, y la atracción hacia ambos solo perpetúa la ilusión de separación entre nosotros.

Para liberarnos de la falsa dicotomía de Nosotros contra Ellos, es a veces necesario descubrir por nosotros mismos lo vacíos e inútiles que resultan estos conceptos. Aquellos que han acumulado una gran fortuna han experimentado el vacío que esto les genera. Presumen que su falta se debe a no poseer suficiente riqueza para llenarlo, por lo que continúan planeando cómo incrementar sus bienes. Con algo de suerte, pronto descubren que ninguna cantidad de dinero podrá colmar ese vacío interior. Pero, ¿qué hacer ahora que se rodean de riquezas que nunca podrán satisfacerles? Quizás intenten usar su poder para dominar a otros, buscando así una sensación de importancia y valor. Sin embargo, con el tiempo, incluso esto se revela como algo vacío y sin sentido.

Muchos que han alcanzado gran fortuna, poder y fama han comprendido la sabiduría de estas palabras. El actor Jim Carrey comentó en una ocasión: "Creo que todo el mundo debería hacerse rico y famoso y hacer todo lo que siempre soñaron para que vean que no es la respuesta".

Jesús indica que una vez que alguien adquiere riqueza, debe buscar el poder y, al darse cuenta de que estas búsquedas son infructuosas, debe optar por lo más sensato y renunciar tanto al poder como a la riqueza.

Algunos estudiosos interpretan este dicho de manera metafórica, sugiriendo que los que se enriquecen son aquellos que han despertado a la realidad de la Unidad. En este contexto, Jesús estaría proponiendo que gobiernen quienes son conscientes de la ilusión de la separación. Pero, ¿en qué sentido? Claramente, no en un sentido político. Quizás incluso "gobernar sobre sí mismo" debería considerarse una metáfora, pero eso solo plantea la interrogante de por qué Jesús desearía que alguien "domine" sobre otras personas que no son conscientes de la ilusión.

Anteriormente leímos donde Jesús afirma: "Que el que busca no deje de buscar hasta que encuentre; y al encontrar, la persona se perturbará; y estando perturbada, se asombrará; y reinará sobre todos". Aquí, Jesús sugiere que quien realmente despierte a la realidad de la Unidad "gobernará sobre todos". Pero esto parece referirse a un sentido espiritual más que material. La iluminación nos libera para darnos cuenta de la inutilidad de esforzarnos por poseer o adquirir algo, ya que todo y todos estamos ya conectados. Nada nos falta. Fluimos de la Fuente Divina de todas las cosas, y todas ellas fluyen a través de nosotros y desde nosotros, libremente.

Por ello, cuando Jesús menciona que los que "se hagan ricos deben reinar", tiene más sentido interpretar tanto la riqueza como el reinado en términos metafóricos. Acumular riqueza equivale a despertar a la realidad de la Unidad, y gobernar se relaciona con descansar en la verdad de que todo lo que necesitamos ya está presente en nosotros.

Renunciar al poder, como aconseja Jesús, es la respuesta natural de quien comprende que las riquezas y el poder mundanos carecen de sentido a la luz de la verdad de que todas las cosas son Una en Cristo.

El Fuego y el Reino

Jesús dijo: "Quien está cerca de mí está cerca del fuego, y quien está lejos de mí está lejos del reino".

Este dicho resulta especialmente intrigante, ya que parece haber sido citado o aludido por otros primeros Padres de la Iglesia en sus escritos. Por ejemplo, Orígenes declara: "Pero el Salvador mismo dice: El que está cerca de mí, está cerca del fuego; el que está lejos de mí, está lejos del reino". Ignacio de Antioquía mencionó este dicho en su carta a los esmirneos cuando afirmó: "¿Por qué me he entregado a la muerte, al fuego, a la espada, a las fieras? Pero cerca de la espada está cerca de Dios, con las fieras está con Dios". Justino Mártir dijo, en su "Diálogo con Trifón": "Cuando Jesús descendió al agua, se encendió un fuego en el Jordán".

Algunos estudiosos destacan las similitudes entre este dicho de Tomás y un proverbio de Esopo que dice: "Quien está cerca de Zeus está cerca del rayo". Entonces, ¿cómo se debe interpretar este dicho a la luz de todo lo demás que se ha visto en el Evangelio de Tomás hasta ahora? ¿Es el fuego una metáfora de destrucción, como en otros dichos? ¿O es un símbolo de temor o peligro? ¿Está sugiriendo Jesús que estar cerca de Él es estar cerca de la propia mortalidad? ¿O se refiere el fuego a la naturaleza purificadora de Dios, que quema todo lo falso para revelar lo puro y verdadero, como en la referencia al fuego del refinador, tan frecuente en las Escrituras?

La interpretación depende en gran medida de cómo se defina el término "fuego" en el contexto de este dicho. Si se supone que el fuego representa poder o destrucción, se interpretará como una advertencia. Si se considera que el fuego es una metáfora de la verdad, uno se sentirá atraído a buscar el calor alrededor de esta llama abrasadora. En mi opinión, el fuego al que Jesús se refiere aquí se asemeja más al fuego purificador que expone las mentiras, aleja la oscuridad y aclara la verdad de nuestra Unidad con Dios y nuestra conexión inseparable con los demás.

Existe un contraste entre estar cerca y estar lejos al que se debe prestar atención. Estar cerca de Jesús es estar cerca de la llama, lo cual debe significar que la llama es positiva. Estar lejos de Jesús es estar lejos del Reino, lo cual no es favorable. De hecho, ya se debería saber que el Reino de Dios reside dentro de todos nosotros. Por lo tanto, el único sentido en que alguien podría estar realmente "lejos del Reino" es solo una percepción o la falta de ella.

Dado que nadie puede estar verdaderamente "lejos del Reino" que habita en todos, lo que Jesús está diciendo es que acercarse a Él es ser más consciente de la realidad de ese Reino interior. El Reino de Dios está tan cerca de nosotros como lo está Jesús, es decir, uno y el mismo. No hay separación entre Jesús y el Reino, ni entre nosotros y Jesús, o Dios. Por ello, estamos en el Reino y el Reino está dentro de nosotros. Cuanto más nos acercamos a Jesús y a sus enseñanzas, más nos damos cuenta de esa realidad siempre presente de Cristo dentro de todo, en todas partes y en todo momento.

Acercarse a Jesús es acercarse al fuego que ilumina la Verdad del Reino de Dios dentro de nosotros. Una vez que se reconoce esta verdad abrumadora, nunca más se podrá estar lejos de Cristo o del Reino de Dios.

La Luz y las Apariencias

Jesús dijo: "Las imágenes se revelan al hombre, y la luz que hay en ellas se oculta en la imagen de la luz del Padre. Él se revelará, y su imagen está oculta por su luz".

La complejidad de este dicho proviene principalmente de la ausencia de puntuación en el griego y de cierta confusión sobre a quién se refiere en los diversos usos de "él" o "su". Si se interpreta de una manera, parece sugerir que la imagen de Dios está oculta en la luz del hombre. Pero si se lee de otra manera, podría estar diciendo que la imagen del hombre está oculta en la luz de Dios.

Entonces, ¿cuál es la interpretación correcta? Los eruditos no coinciden en esta cuestión. Algunas traducciones proponen una interpretación, mientras que otras sugieren algo diferente.

El Grupo de Trabajo de Berlín (BWG) ha traducido este dicho de la siguiente manera: "Las imágenes son visibles para la humanidad, pero la luz que hay en ellas está oculta en la imagen. La luz del Padre se revelará, y su imagen está oculta por su luz". Esta traducción aclara algunos aspectos, pero luego genera más confusión al no especificar de quién es la imagen oculta por la luz de quién. ¿Está la imagen de Dios oculta por la luz del hombre? ¿O es la luz de Dios la que oculta la imagen del hombre? ¿O es la luz de Dios la que oculta la imagen de Dios? ¿Se comprende?

En este caso, me basaré en la traducción de William G. Duffy, que considero que clarifica la confusión y alinea el dicho con los demás dichos de Jesús en este Evangelio de Tomás. Así es como Duffy traduce este dicho: "Las imágenes se manifiestan al hombre, y la luz que hay en ellas se oculta en la imagen (del hombre). La luz del Padre se manifestará, y la imagen (del hombre) quedará oculta por la luz (de Dios)". Para mí, esta es la mejor de las traducciones posibles. Duffy aclara que el hombre percibe imágenes, que son ilusiones y no realidad. La imagen del hombre —que, una vez más, no es la realidad— oculta la luz de la verdad. Pero la luz del Padre —que no es una imagen, sino la verdadera realidad— se dará a conocer a todos y, cuando eso ocurra, la imagen del hombre será superada por la luz pura de Dios.

Lo que se tiene aquí es un contraste entre ilusión y realidad; imagen y luz; forma física y ser espiritual puro. La imagen del hombre oculta la luz de Dios en su interior, pero la luz de Dios disuelve la ilusión de la aparente separación del hombre definida por su forma física. En Dios, todos los cuerpos individuales aparentemente separados se convierten en uno a la luz de la verdadera realidad de la Unidad de Dios con todas las cosas.

El apóstol Pablo lo expresa así: "Estamos llenos de la plenitud de Cristo, que lo quiere todo en todos los sentidos" (Efesios 1:23). Así, mientras que las imágenes simbolizan la separación de formas, objetos, personas, etc., la luz dentro de todas las cosas está oculta. Pero una vez que la luz de la verdadera naturaleza del Padre sea revelada, la verdadera "imagen" se manifestará como una con la luz de Dios. Dicho de otro modo, la luz que hay en el ser humano es la luz de Dios, y cuando la luz de Dios se revela, la luz del hombre se manifiesta como la luz de Dios, que siempre fue.

Gozo en la autenticidad

Jesús dijo: "Cuando miráis vuestras semejanzas, os regocijáis. Pero cuando miréis vuestras verdaderas semejanzas, que nacieron antes que vosotros, que ni mueren ni se manifiestan, ¡cuánto más os alegraréis!".

Una vez más, he optado por la traducción de William Duffy de este dicho, ya que clarifica mejor lo que sucede en el texto. En primer lugar, el "vosotros" aquí es plural. Por tanto,

Jesús se dirige a todos sus discípulos como grupo y no como individuos. La verdadera esencia de este dicho reside en la segunda frase, que contrasta la alegría de verse a uno mismo en el espejo, o en un reflejo, con la alegría infinitamente mayor de darse cuenta de su verdadera semejanza, que es Cristo, Aquel "que surgió antes que vosotros".

Lo que aprecio de que Jesús se dirija a un "vosotros" plural en este dicho es que, al referirse al Cristo como la verdadera semejanza, habla a todos a la vez. El Cristo es lo que realmente son todos. No solo un individuo, sino todos, en todas partes. Todos son el Cristo. El Cristo son todos.

Hay algo en la frase que se refiere a las "verdaderas semejanzas" (plural) como "ellas que nacieron antes que vosotros, que ni mueren ni se manifiestan" que resulta especialmente curioso. No se suele pensar en Cristo como "ellos", aunque se podría referir a un grupo de personas como "ellos". Pero, si Cristo está en todos, entonces todos son Cristo y eso significa que el término "ellos" es apropiado para referirse a Cristo.

También hay una parte curiosa en la que se dice que "ellos" (el Cristo) no se manifiestan. ¿Cómo se debe entender esto? ¿No son todos la manifestación de Cristo, colectivamente? Sí, claro que lo son. Pero, entonces, ¿cómo puede Jesús sugerir que "ellos" (el Cristo) "ni mueren ni se manifiestan"?

Quizá la respuesta radica en darse cuenta de que Cristo se extiende más allá de la creación física. Sí, todos son manifestaciones de Cristo, pero Cristo está dentro y fuera de todos. El Cristo no se limita a los cuerpos creados (manifestados). El Cristo es a la vez creado y Creador. Por lo tanto, hay un sentido mucho más amplio, expansivo y grandioso en el que el Cristo no se manifiesta. Esa es la semejanza del Cristo que se puede contemplar y por la que se puede regocijar inconmensurablemente.

Adán: Poder y Opulencia

Jesús dijo: "Es de un gran poder y de una gran riqueza que Adán llegó a existir: y no se hizo digno de vosotros. Porque, si hubiera sido digno, no habría gustado la muerte".

En este dicho, Jesús utiliza a Adán como metáfora del falso yo; aquel que fue originalmente separado tanto de Dios como de Eva en el mito del Jardín. La gran riqueza y el gran poder, aunque suenan como condiciones positivas, también son metáforas de la ilusión de separación, ya que solo aquellos que creen en la mentalidad "Nosotros/Ellos" pueden acumular riqueza mientras otros sufren en la pobreza, y solo aquellos que aceptan la mentira de la división pueden ejercer el poder sobre quienes son, como ellos, uno con Dios y los demás.

Así pues, Adán —el símbolo del "pecado" original de aceptar la mentira de la separación de Dios y de los demás— "no era digno de vosotros" y, debido a esta condición indigna, Adán experimentó la muerte. Este es el destino de todos los que abrazan la ilusión de la separación, porque no hay vida en esta falsa realidad, solo muerte. Esta muerte adopta muchas formas. Se sufre una muerte espiritual porque no se puede ver la Unidad con Dios y con los demás, y se sufre una muerte física porque nunca se entra en la verdadera vida que proviene de abrazar la conexión Divina que también conecta con todos los que rodean, quienes también han sido creados a imagen de la Divinidad.

El apóstol Pablo contrasta a Adán con Cristo de manera muy similar. La desobediencia de Adán conduce a la muerte, mientras que la obediencia de Cristo conduce a la vida (véase Romanos 5:12-14). Pablo también contrasta a Cristo y Adán señalando que "en Adán todos mueren, pero en Cristo todos serán vivificados" (1 Corintios 15:21-22; 42-50).

Algunos comentarios equiparan la parte de "gran poder y gran riqueza" del dicho con el favor de Dios y el poder milagroso, pero, para mí, parece más coherente que estos términos pretendan alinearse más estrechamente con los apegos a la riqueza física y las aspiraciones vanas que se derivan de la incapacidad para ver la realidad de la conexión y la Unidad con todos y con todo.

En cualquier caso, el resultado final para Adán fue un estado de indignidad y muerte, por lo que la lección aquí debería ser evitar ese camino y abrazar la realidad de la vida que fluye hacia todos y a través de todos por medio de la unidad con Cristo, que lo llena todo en todos los sentidos.

Identidad en la Unidad

Le preguntaron a Jesús: "Dinos quién eres, para que podamos creer en ti". Él respondió: "Examinan la faz del cielo y de la tierra, y a quien está delante de ustedes no lo han reconocido, y no saben cómo examinar este momento".

Para mí, este dicho es similar al pasaje del Evangelio de Juan en el que los discípulos piden a Jesús que "nos muestre al Padre" y Jesús responde diciendo: "¿Tanto tiempo llevo con ustedes y aún no me conocen?". Pero también recuerda a Lucas 12:54-56 donde Jesús dice: "Cuando veis una nube que se levanta en el oeste, inmediatamente decís: 'Va a llover', y así es. Y cuando sopla el viento del sur, decís: 'Va a hacer calor', y lo hace. Hipócritas. Sabéis interpretar el aspecto de la tierra y del cielo. ¿Cómo es que no sabéis interpretar este presente?"

Aquí, la pregunta que se le hace a Jesús es sobre su propia identidad y viene acompañada de un desafío: "Muéstranos quién eres para que podamos creer en ti". Es como si quisiera sugerir que sus propios discípulos no saben quién es Jesús y no están seguros de si deben confiar en él.

En respuesta, Jesús no les dice quién es. En lugar de eso, les señala que no saben cómo entenderlo. La falta de fe en él que están experimentando proviene de un lugar interior de no saber cómo saber. Para resaltar esta incapacidad de discernir la realidad, Jesús señala el cielo arriba y la tierra abajo. ¿Qué es esto? ¿Sabes lo que es el cielo? ¿Comprendes la relación entre el cielo y la tierra? ¿Sigues viéndolos como dos cosas separadas por el espacio y el tiempo? Si es así, por eso no conoces al que tienes delante. Porque sigues viendo al que tienes delante como algo separado de ti mismo, y separado del cielo que está arriba y de la tierra que está abajo. Por eso "no sabes examinar este momento". Porque tus ojos son incapaces de ver, y tu mente es incapaz de comprender la realidad tal como es realmente.

Una vez que podemos ver claramente que el cielo y la tierra no están separados, entonces podemos ver que Jesús no está separado de nosotros, y que nosotros no estamos separados de la tierra, el cielo, la luna o cualquier otra persona.

Esta es la respuesta a su pregunta; la respuesta que aparentemente aún no están preparados para recibir: El que tienes delante —Jesús— es igual que tú. Si te conocieras a ti mismo, sabrías quién es Jesús. Si comprendieras tu conexión con el cielo de arriba y con la tierra de abajo, y con el universo que te rodea, no necesitarías preguntar a otra persona cuál es su conexión con todo. Simplemente lo sabrías y todo tendría sentido para ti.

La faz del cielo es tu faz. La faz de la tierra también es la tuya. Tu rostro y mi rostro son el mismo. Una vez que veamos eso, nuestra necesidad de respuestas se desvanecerá.

El Hogar del Hijo del Hombre

Jesús dijo: "Las zorras tienen madrigueras y las aves tienen nidos, pero el Hijo del hombre no tiene un lugar donde reposar su cabeza y encontrar descanso".

Es fundamental no interpretar esta declaración solamente desde la perspectiva de los Evangelios posteriores, como Mateo y Lucas, que tienden a enfocarla específicamente en Jesús. Es probable que el término "Hijo del Hombre" se refiera a "los hijos de Adán" o, más ampliamente, a "la humanidad".

Observándolo desde una nueva óptica, podría revelarse que Jesús está indicando que los animales—como las zorras y las aves—han encontrado su lugar de descanso en la tierra. Sin embargo, nosotros, creados a imagen de Dios, estamos por encima de eso. No nos conformamos con un refugio hecho de ramas o una madriguera excavada en el suelo para protegernos de la tempestad. No, como "hijos de los hombres" o "hijos de

Dios", solo hallamos satisfacción al encontrar nuestro descanso en Dios y únicamente en Él. Nuestro hogar no está en este mundo, ya que este mundo es un cadáver.

Jesús nos recuerda que nuestro hogar—nuestro verdadero lugar de descanso—no se encuentra en los árboles donde anidan las aves, ni en la tierra donde duermen las zorras, sino en un lugar que trasciende este reino terrenal; un lugar del cual proceden todas las cosas y al cual retornan; un lugar donde el Ser Divino es uno con todo en todas partes. Este "lugar" no representa una ubicación física, sino un estado del ser y una perspectiva mental que solo podemos percibir cuando nuestros ojos se abren y despertamos a la verdad de nuestra conexión Divina.

Hay una antigua canción de Jim Reeves que nos recuerda que este mundo no es nuestro hogar y que solo estamos de paso. Para quienes comprenden esto, tiene un profundo significado. No es posible sentirse demasiado cómodo en esta realidad temporal porque nuestro verdadero lugar de descanso nos aguarda más allá de este reino de ilusión y separación; un reino que cualquiera de nosotros puede descubrir, acceder y habitar cuando así lo desee. Todo lo que se requiere para entrar en este descanso es ese sutil cambio de paradigma de la ilusión de la división a la realidad de la conexión con lo Divino.

Una vez que entendemos que nada puede separarnos de Dios ni de los demás, comenzamos a acceder y a disfrutar de ese descanso y de esa paz que sobrepasan todo entendimiento.

Espejismo Corpóreo

Jesús dijo: "Desgraciado el cuerpo que depende de un cuerpo, y desgraciada el alma que depende de estos dos".

Siempre que un cuerpo dependa de otro, ya se está engañando con la ilusión de la separación. Si nos percibimos a nosotros mismos como individuos—como cuerpos— entonces aún permanecemos dormidos y nuestros ojos no se han abierto a la Verdad de la Unidad y la Unicidad.

Al encontrarnos en este estado mental desfavorable, nuestras almas también padecen en la medida en que seguimos depositando nuestra esperanza y enfocando nuestra mente en el mundo físico que nos rodea. La manera natural de pensar está inmersa en la ilusión de la separación. Nuestro mundo parece estar lleno de cuerpos separados y habitado por diversas personas que son todas únicas e individuales entre sí. Sin embargo, Jesús—y la Ciencia Cuántica—nos señalan lo contrario. Jesús desea que veamos la realidad tal como es y que aceptemos la interconexión de todas las cosas. La física cuántica nos enseña que todo lo que vemos y experimentamos—por muy separado y único que parezca— es, en realidad, una manifestación del único campo cuántico. De hecho, todo es una expresión de dicho campo. No hay nada que podamos ver, experimentar o medir que no sea, en el fondo, una extensión del campo cuántico.

Lo que percibimos con nuestros ojos y lo que experimentamos a diario puede parecer basado en la separación y la división, pero esa no es la realidad tal y como es. Nuestras percepciones son falsas. Nuestros sentidos nos engañan. La verdad es que todo es lo mismo, o una expresión de lo mismo, por mucha variedad que percibamos en términos de forma y fondo.

Así pues, el agua es una expresión del campo cuántico. Las jirafas son una extensión del campo cuántico. El libro en las manos, la mano misma, la silla donde se está sentado, la persona al otro lado de la habitación, o al otro lado del océano, todo, en todas partes, no es más que una expresión del único y solitario campo cuántico.

Otra forma de expresarlo es que Dios es Aquel en quien todos vivimos, nos movemos y tenemos nuestro ser. O que nosotros somos aquellos en quienes Dios vive, se mueve y tiene su ser. Todo está conectado y todo es uno. No existe la separación. Solo existe nuestra percepción de la separación.

Esto implica que quien se percibe a sí mismo como un cuerpo, o que depende de la noción de cuerpo, está engañado o es desdichado. El alma que no despierta a esta realidad de la Unidad también es desdichada. El objetivo es despertar—y permanecer despiertos—a la realidad tal y como la conocemos, no tal y como la percibimos.

Naturaleza de Ángeles y Profetas

Jesús dijo: "Vendrán a vosotros los ángeles y los profetas, y os entregarán lo que os pertenece. Vosotros también, dadles lo que está en vuestras manos, y preguntaros a vosotros mismos: ¿Qué día vendrán a tomar lo que es suyo?".

Como seres humanos, tendemos a creer que necesitamos algo o alguien externo para mejorar, ser más sabios o alcanzar la felicidad. Esta idea es reforzada por padres, maestros, pastores y guías espirituales. Casi siempre asumimos que lo que nos falta está oculto como un secreto o enterrado como un tesoro que debemos buscar y descubrir.

Si adoptamos este paradigma, constantemente estaremos adquiriendo nuevos libros, asistiendo a conferencias, viendo los últimos vídeos de YouTube y buscando nuevas experiencias, relaciones o percepciones que nos hagan felices, completos o plenos.

Sin embargo, la realidad es que nuestra Unidad con lo Divino ya está garantizada. Esto implica que la verdad, la sabiduría, la perspicacia y las respuestas que buscamos externamente ya residen dentro de nosotros. Cuanto más se persiga la verdad y la sabiduría como realidades externas, más difícil será encontrarlas. Mientras se mantenga la creencia errónea de que la verdad que buscamos está fuera y debe ser descubierta, nunca nos detendremos a mirar en nuestro interior, donde la respuesta ya está esperando.

En este dicho, Jesús alude a esta misma idea. Comienza enfocando la atención en los ángeles y los profetas, seres ultraespirituales que poseen una sabiduría y verdad a un nivel que los simples mortales apenas podemos concebir. Esto se cree si aceptamos que la verdad es algo externo que debe ser recibido de algún lugar o de alguien. En esa situación, se debe esperar a que estos seres espirituales vengan y den lo que falta. Sin embargo, es importante notar que Jesús no afirma que estos seres espirituales de élite vendrán a dar lo que es suyo. Por el contrario, dice que estos enviados espirituales llegarán a entregar lo que es nuestro. En otras palabras, solo proporcionan lo que ya poseemos porque la verdad no es externa a nosotros, sino una realidad interna que se comparte con todos.

A continuación, Jesús indica que se dará lo que está en nuestras manos. Imagínese: ¡poseemos algo de valor para dar a los ángeles y a los profetas! ¿Qué se da? Se entrega lo que es propio. ¿Qué vinieron a dar ellos? Dieron lo que ya era propio. Y esto se devuelve. Ángeles, profetas, tú y yo compartimos la misma sabiduría; la misma verdad. ¿Por qué? Porque solo existe una verdad que compartir; la misma verdad que todos encarnamos y de la que estamos rodeados en todo momento.

Finalmente, se dice: "¿Qué día vendrán y se llevarán lo que es suyo?". Esto se debe a que hemos olvidado que lo que poseemos es de ellos y lo que ellos tienen es propio. No existe "nuestro" ni "suyo" porque no existen "nosotros" ni "ellos". Solo existe "nosotros". En esta ceguera, no se percibe que los ángeles y los profetas no tienen nada especial en sí mismos que les pertenezca o que sea diferente de lo que se tiene en el interior. Toda la verdad es la misma verdad. Toda la sabiduría es la misma sabiduría. Todas las fuentes son la misma fuente.

Una vez que realmente se pueda ver con claridad cómo es la realidad, se comprenderá que lo que los ángeles y los profetas traen es la verdad que ya poseemos, y la verdad que llevamos dentro es la que compartimos con todos.

Armonía Interior y Exterior

Jesús preguntó: "¿Por qué se preocupan por limpiar solo el exterior de la copa? ¿No comprenden que quien ha creado lo interior también ha creado lo exterior?".

Como hemos observado, algunos de los dichos encontrados en Tomás tienen similitudes con los Evangelios del Nuevo Testamento. En este caso, el dicho recuerda ligeramente lo que se encuentra en Mateo 23:25-26 y en Lucas 11:39-41. Sin embargo, en esos Evangelios, el significado parece referirse más a cómo el exterior de la copa simboliza la apariencia externa del cuerpo. En cambio, en el Evangelio de Tomás, no se sugieren tales metáforas. En su lugar, se mantiene el contraste habitual entre "dentro" y "fuera".

A estas alturas, debería ser sencillo para nosotros notar que, en Tomás, lo que Jesús quiere destacar es que realmente no existe diferencia entre el interior y el exterior. Estas son meras ilusiones que percibimos y asumimos que son reales. Una vez que hemos despertado a la realidad de la Unidad Divina, empezamos a comprender que la copa es una metáfora de la Unidad de nuestro Verdadero Ser. Limpiar el exterior de la taza es innecesario si el interior ya está limpio. ¿Por qué? Porque, cuando se trata de nuestro Verdadero Ser, el interior y el exterior son uno y el mismo.

Podemos reflexionar sobre esto y llegar a algunas de las mismas conclusiones sobre la necesidad de que los comportamientos externos reflejen nuestra realidad interior, pero ahora en el contexto de una realidad interna, conformada por la conciencia de la Unidad compartida por todas las cosas, en todas partes.

En otras palabras, una vez que realmente entendemos que los conceptos de "dentro" y "fuera" no tienen relevancia y que la Unidad es la verdadera realidad de todo lo que nos rodea —y está dentro de nosotros— debemos actuar en consecuencia. Nuestro comportamiento exterior debe reflejar ese despertar interior. Esto significa que nuestras interacciones externas con aquellos que parecen ser "otros" deben reflejar la realidad interna de nuestra Unidad e interconexión con ellos.

Cuando vemos a "ellos", nos damos cuenta de que lo que estamos observando y percibiendo es otro reflejo de nosotros mismos, y el yo que vemos reflejado en ellos es el Yo Verdadero que también es un reflejo del Yo Divino que es Dios, Aquel en quien todos vivimos, y nos movemos y tenemos nuestro ser.

Como señalan los académicos Funk y Hoover:

Mateo y Lucas han transformado el aforismo original en una metáfora mixta sobre la copa y el yo: el exterior de la copa se refiere a la pureza ritual, el interior del yo está lleno de codicia y maldad. En Tomás, sin embargo, el aforismo se recoge sin contexto ni conclusión moralizante. El exterior y el interior son iguales, porque ambos están hechos por el mismo creador. Así pues, el aforismo parece haber sido una crítica al lavado ritual de recipientes como las copas. En esta forma, bien pudo provenir de Jesús.

Podemos preguntarnos por qué Jesús parece reiterar lo mismo de maneras ligeramente diferentes. Quizá sea porque se da cuenta de que olvidamos tan rápidamente esta verdad transformadora y, por lo tanto, necesitamos recordatorios casi constantes de la realidad que nos obliga a verlo todo con ojos renovados.

El Yugo de Jesús

Jesús dijo: "Venid a mí, que mi yugo es cómodo y mi señorío es suave, y hallaréis descanso para vosotros".

Este dicho puede parecer tan familiar de los Evangelios del Nuevo Testamento que resulta difícil verlo con una nueva perspectiva aquí, en el Evangelio de Tomás. Sin embargo, esforcémonos por abordarlo a través del prisma de la Unidad y de los contrastes entre las antiguas y las nuevas formas de entender la realidad tal como es.

A primera vista, puede que no percibamos las diferencias profundas entre el concepto de llevar un yugo y encontrar descanso, pero eso puede deberse a que la mayoría de nosotros no estamos familiarizados con los yugos ni con su asociación con el trabajo arduo. Llevar un yugo es estar esclavizado como una bestia que tira de un arado a través de la dura tierra, o que mueve una pesada muela en un círculo interminable bajo el sol abrasador. Es trabajar arduamente para alguien que hace sonar un látigo y exige un rendimiento físico implacable.

Sin embargo, Jesús sugiere que su yugo es cómodo y su señorío es suave. Estos no son los adjetivos que se usarían para describir la experiencia de cualquier persona o animal bajo un yugo, al menos no en la mente de alguien del siglo I que conociera el concepto.

Jesús afirma que quienes aceptan su yugo pueden esperar que las cosas sean fáciles y suaves, y que la experiencia les traerá descanso en lugar de estrés. Irónicamente, quienes aceptan el yugo de Jesús se enfrentan a una realidad fácil, tranquila y apacible, que es lo menos parecido a un yugo que se pueda imaginar. De hecho, la idea es casi cómica.

Búsqueda Incesante

Jesús dijo: "Buscad y hallaréis. No obstante, en aquel entonces os pregunté sobre cuestiones que no os revelé, y ahora deseo compartirlas con vosotros, pero ya no indagáis al respecto".

Resulta llamativo que Jesús comience esta afirmación exhortando a buscar y encontrar, pero concluya señalando que sus discípulos ya no investigan sobre aquellos temas que anteriormente le plantearon. Es probable que, al no recibir respuestas en su momento, hayan abandonado prematuramente la búsqueda del conocimiento, lo cual parece decepcionar a Jesús.

Lo que el Maestro aparentemente espera de nosotros es un cuestionamiento constante y un apetito perpetuo por la sabiduría. Anhela que persistamos llamando a la puerta hasta descubrir las respuestas que anhelamos. En otras palabras, Jesús desea que seamos tenaces exploradores de esos misterios que nos desvelan la esencia del universo.

Si claudicamos antes de tiempo, quizás nunca hallemos las respuestas que buscamos. Al menos en este caso, Jesús se muestra más dispuesto a compartir las soluciones que sus discípulos a formularon las preguntas que solían hacer en el pasado.

La enseñanza para nosotros, entonces, es perseverar en la indagación, continuar tocando a la puerta y cultivar incesantemente nuestro asombro y curiosidad. Nunca debemos dejar de cuestionar ni perder el apetito por la verdad.

La Sabiduría de Compartir

Jesús dijo: "No entreguéis lo sagrado a los perros, no sea que lo arrojen al basurero. No lancéis las perlas a los cerdos, no sea que las conviertan en estiércol".

Esta sentencia, que también figura en otros pasajes de los Evangelios del Nuevo Testamento, queda inconclusa en la versión original de Tomás, por lo que no queda del todo claro qué harán los cerdos con el tesoro recibido. Sin embargo, la advertencia de no dar lo sagrado a los perros ni lo valioso a los cerdos no alude tanto a la calidad de los receptores, sino a la necesidad de que el dador, o maestro, discierna quién está preparado para recibirlo y quién no.

Este dicho complementa al anterior, donde los discípulos interrogaron a Jesús sobre cuestiones que Él no les reveló, pero que posteriormente consideró que estaban listos para conocer.

Así, ante una solicitud de sabiduría, sería prudente emular tanto el ejemplo de Jesús en el dicho previo como sus palabras en este. ¿Los que piden conocimiento están realmente dispuestos a recibirlo? ¿Devaluarían el obsequio o malversarían el tesoro si se lo otorgáramos? ¿Cómo discernir si están preparados? ¿Cuándo arriesgarnos y compartir la sabiduría que parecen anhelar? Estos son los interrogantes que Jesús desea que nos planteemos antes de ofrecer con ligereza lo que hemos descubierto.

Los maestros son responsables no solo de lo que enseñan, sino también de a quiénes instruyen. Un niño pequeño no está listo para aprender matemáticas complejas, así como un estudiante de secundaria no está capacitado para un examen doctoral. Retener información puede ser tan importante como impartir enseñanza. El momento debe ser propicio y la persona estar preparada para recibir lo que le transmitimos.

Compromiso con la Búsqueda

Jesús dijo: "El que busca, encuentra. Al que llama, se le abrirá".

Estos tres dichos parecen complementarse, pero al examinarlos individualmente podemos apreciar mejor la sabiduría contenida en cada uno. Aquí, Jesús simplemente indica que quienes buscan hallarán y a quienes llaman se les abrirá la puerta. No obstante, considerando los otros dichos, comprendemos que no siempre estamos preparados para recibir esas respuestas o para que se abran esas puertas. Nosotros mismos debemos esforzarnos por estar listos para lo que encontremos al indagar. También debemos comprometernos a vivir cuestionándonos y buscando permanentemente si realmente esperamos hallar las respuestas.

La necesidad de cultivar nuestro asombro y curiosidad sigue muy presente aquí. Jesús no se refiere a una curiosidad casual o a un mero preguntar. Espera que persistamos buscando y llamando hasta que se abran las puertas y hasta que nosotros mismos estemos preparados para comprender las respuestas que nos aguardan en la oscuridad.

Por ello, Jesús nos alienta a convertirnos en personas inquisitivas y a abrazar la virtud de la ignorancia, admitiendo que no lo tenemos todo resuelto y que aún no poseemos todas las respuestas. Como afirmaba Sócrates, "la conciencia de la ignorancia es el principio de la sabiduría". Esto implica transformarnos en estudiantes perpetuos del conocimiento, siempre convencidos de que aún no hemos aprendido todo lo que hay que saber. Nuestro ego nos asegura que lo sabemos casi todo, pero nuestro Yo Verdadero comprende que apenas hemos arañado la superficie de la sabiduría.

Mantener viva nuestra hambre de verdad y nuestro deseo de conocimiento es clave para quienes siguen el sendero de Jesús. Nunca debemos permitir que se apague la base de lo que creemos o de lo que pensamos saber con certeza.

La Generosidad Desinteresada

Jesús dijo: "Si poseéis dinero, no lo prestéis con interés. Más bien, entregádselo a alguien de quien no lo recuperaréis".

Cuando se trata de las enseñanzas desafiantes de Jesús, aquellas referidas a cómo tratar a los marginados y qué hacer con nuestro dinero ocupan un lugar destacado, principalmente porque exigen que nos comportemos de una manera que, en el fondo, la mayoría no desearía. Sin embargo, todos aspiramos a considerarnos generosos y bondadosos. Por eso, cuando Jesús nos reta a dar más de lo que quisiéramos o a amar más de lo que nos sentimos cómodos, nos hace más conscientes de lo egoístas y egocéntricos que realmente somos.

Para ayudarnos a mitigar nuestro egoísmo, Jesús nos pide que demos libremente a quien nos lo solicite sin esperar nada a cambio. Esa es la verdadera generosidad que surge de un lugar de amor desinteresado, donde damos sin pensar en cómo podría beneficiarnos. Y ese es el sentido de dar, ¿no es así? Compartir lo que tenemos sin exigir nada para nosotros al final del proceso es lo que parece incluso la generosidad más básica.

Si damos dinero a alguien esperando recibir aún más a cambio, ¿en qué se parece eso a ser generosos? Al fin y al cabo, seguimos teniendo más que la persona a la que hemos prestado el dinero.

Ahora bien, cuando nos enfocamos en la realidad de la Unidad, este dicho cobra aún más sentido. La otra persona no es "otra" que yo. La persona a la que prestamos el dinero es una extensión de la Conciencia Divina, al igual que nosotros. Dar libremente a nosotros mismos tiene sentido. Darnos a nosotros mismos sin esperar ganar más en el proceso también tiene sentido. El acto de compartir es un flujo y reflujo de recursos que nos beneficia a todos a medida que respondemos a las necesidades que percibimos a nuestro alrededor. Todos necesitamos alimento, agua, refugio, amor y conexión para sobrevivir. Privar a alguien de esas cosas es inhumano y cruel. Dar libremente es una expresión de conexión Divina con todo lo que nos rodea.

Por lo tanto, demos tan libremente como recibimos unos de otros y de la fuente Divina. Porque todos estamos interconectados, y las diferencias entre nosotros no son más que ilusiones engañosas.

La Unidad Divina

Jesús dijo: "El Reino del Padre es semejante a una mujer. Tomó una pizca de levadura, la escondió en la masa y elaboró grandes panes con ella. El que tenga oídos, que escuche".

La verdad de nuestra Unidad Divina es la que inevitablemente impregnará la totalidad de la conciencia humana. ¿Por qué? Porque la conciencia humana y la conciencia divina son una y la misma. Así, la realidad de nuestra Unidad con Dios y entre nosotros ya reside dentro de cada uno. Es como esta pequeña pizca de levadura que la mujer oculta en la masa. Mientras ella duerme, esta levadura crecerá y se expandirá por toda la masa, de modo que, por la mañana, al despertar, la masa también habrá despertado a la realidad de esta levadura interna. La transformación ocurrirá simplemente porque esa levadura está dentro de la masa.

De igual manera, la realidad de nuestra Unidad con todas las cosas está dentro de cada uno de nosotros porque es la Verdad Divina que mantiene unido al Universo. La propagación de esta realidad puede parecer agonizantemente lenta desde nuestra perspectiva, pero la noche es larga y el amanecer eventualmente aparecerá en el horizonte. Hasta entonces, todo lo que podemos hacer es esperar a que la levadura realice su labor en todos nosotros. Célula a célula, átomo a átomo, la realidad de la Unidad se extiende por el

Reino del Padre hasta que, un día, todos despertemos a la verdad.

A veces podemos sentir la tentación de enfocar nuestra atención en despertar a quienes nos rodean, pero luego nos damos cuenta de que nosotros mismos necesitamos que nos recuerden nuestra Unidad y conexión con todo. Creemos que podemos ver la verdad, pero luego nos sorprendemos en momentos de olvido; despertamos de repente y nos damos cuenta de que hemos estado durmiendo a lo largo de nuestras vidas, ajenos a la realidad de la Unidad Divina.

Por lo tanto, quizá lo mejor que podamos hacer es confiar en que la levadura ya está oculta dentro de la masa y tener fe en que el proceso de iluminación ya está en marcha. Llegará el amanecer y todos en la casa se despertarán para descubrir que los panes se han expandido completamente en sus formas apropiadas. Entonces haremos un banquete juntos y celebraremos mientras la casa se llena del delicioso aroma del pan caliente que alimenta nuestras almas.

La Abundancia Compartida

Jesús dijo: "El Reino del Padre es semejante a una mujer que llevaba una vasija llena de harina. Mientras transitaba por un camino lejano, el asa de la jarra se rompió y el alimento se derramó por el sendero detrás de ella. Ella no se percató del infortunio. Al llegar a su hogar, dejó la jarra y la encontró vacía".

Una vez más, Jesús compara el Reino de Dios con una mujer. Observamos sus acciones, que representan algunas de las actividades más mundanas y comunes que podría realizar una mujer en el siglo I: hacer pan y transportar cántaros. En este caso, la mujer lleva alimento en una vasija rota que derrama por el camino a su paso, sin notar la pérdida hasta que llega a su hogar y descubre que la jarra está vacía.

¿Pero cuál es la lección? ¿Cómo puede compararse el Reino del Padre con un trozo de masa que asciende a medida que la levadura impregna lentamente el pan en un dicho, y luego asociarse con una gran pérdida de alimento en el siguiente? En la primera frase, el Reino se expandía y crecía sin que nadie lo notara. Aquí, el Reino parece escaparse inadvertidamente mientras la mujer (tal vez la misma mujer) lleva la vasija con agujeros.

Una posible interpretación es que Jesús desea asegurarnos de que la realidad del Reino debe cubrir inevitablemente la tierra, pero al mismo tiempo quiere advertirnos que lo que creemos tener —la conciencia de la Unidad Divina— también podemos perderlo si no tenemos cuidado. Ambas cosas son ciertas simultáneamente: la realidad del Reino se extenderá inevitablemente a todo ser consciente, pero la realización puede perderse para nosotros si no estamos atentos. En otras palabras, el movimiento "dos pasos adelante, un paso atrás" de la realidad del Reino es, en cierto modo, inevitable; sin embargo, en otros aspectos, es algo que podemos mitigar simplemente siendo disciplinados en nuestra vida diaria.

Si sabemos que es probable que nos distraigamos con tareas mundanas, debemos hacer lo posible por recordarnos la gloriosa realidad de nuestra Unidad con Dios y con los demás. No somos víctimas impotentes del destino caprichoso. Tenemos acción, capacidad y conciencia de nuestra Unidad Divina con el Universo. Por ello, podemos —y debemos—

hacer lo necesario para permanecer despiertos a esta realidad y no volver a adormecernos.

Otra forma de interpretar este dicho es preguntarnos qué hace la mujer cuando llega a casa y descubre que su jarra está vacía. ¿Se siente frustrada? ¿Tiene el corazón roto? ¿O simplemente es una metáfora de nuestras vidas? Cada uno de nosotros vino a este mundo sin nada, y todos pasaremos a la otra vida sin nada. ¿Y si este dicho coincide con el anterior sobre dar gratuitamente a quien nos lo pida? ¿Y si lo que realmente se quiere decir es que debemos vivir nuestra vida con un sentido de la abundancia? ¿Y si el objetivo fuera repartir el alimento por el camino, en lugar de acaparar la comida para nosotros mismos egoístamente? Al distribuir libremente el grano mientras viajamos por nuestras vidas, al llegar a casa —al lugar donde todo comenzó, la Fuente— podremos decir realmente que dimos todo lo que teníamos y compartimos todo lo que nos dieron con todos los que encontramos en el camino.

En el lenguaje actual, a menudo decimos que los atletas deben "dejarlo todo en la cancha" para expresar que debemos dar todo lo que tenemos para ganar el partido. Entonces, en el juego de la vida, ¿qué tal si lo que Jesús quiere que hagamos es dejar todo en el sendero mientras viajamos, para que no tengamos nada en nuestras manos al llegar al final?

La mujer de este dicho nos permite ver que lo que puede parecer una desgracia —perderlo todo en el camino— es, en realidad, lo mejor que nos puede suceder: compartir libremente con todos la abundancia de nuestras vidas.

El Hijo del Hombre

En los Evangelios del Nuevo Testamento, Jesús frecuentemente usa "hijo del hombre" refiriéndose a sí mismo en un sentido mesiánico/profético. Sin embargo, en Tomás, el único uso de esta expresión (en la frase 86) es negativo, refiriéndose a los que no están iluminados como "hijos del reino físico", aceptando la ilusión de la separación como realidad.

Considerando esto, estudiosos como William G. Duffy sugieren que el término aquí debería interpretarse más precisamente como "Hijos de Dios". Argumenta que en el Evangelio de Tomás, la frase "hijos del hombre" se utiliza solo dos veces para referirse a los no iluminados, y que Jesús nunca se denomina a sí mismo como "el hijo del hombre" o simplemente como el Hijo de Dios. De hecho, Jesús frecuentemente se refiere a quienes ven la Verdad de la Unidad como "hijos del Padre Viviente", "hijos del Viviente", y rechaza ser llamado "Maestro". Por lo tanto, Duffy sugiere que un escriba posterior pudo haber evitado el uso del término "Hijos de Dios" para referirse a alguien que no fuera Jesús, cambiándolo por "hijos del hombre" para suavizar su impacto.

Quizá Duffy tenga razón en este caso y el dicho se entienda mejor como una referencia a los "Hijos de Dios" que perciben la realidad tal como es y comprenden que ambos son realmente uno. Al comenzar a ver el Universo con claridad y reorientar sus mentes hacia la idea de la Unidad Divina, reconocen que los obstáculos —como las montañas físicas que se interponen en el camino— son una ilusión. Esta comprensión les otorga un poder real sobre el mundo que les rodea. Al abrir los ojos al mundo fabricado de la separación, despiertan a la realidad de que todas las cosas son una con lo Divino. Se dan cuenta, como Neo en la película Matrix, de que "no hay cuchara" y de que lo que perciben a su alrededor es una proyección de su propia mente. Despertar a esta verdad los convierte en "Hijos de Dios" que tienen la capacidad de ver las cosas como realmente son.

Para que esta transformación de la percepción ocurra, es necesario "hacer de los dos uno". En otras palabras, reconocer que no hay dos objetos o personas distintos en el Reino de Dios, sino una sola realidad divina en la que todo fluye de la Fuente y está conectado a ella.

Arriba y Abajo, Dentro y Fuera

Desde mi perspectiva, Pedro manifiesta a Jesús su visión misógina sobre las mujeres que "no son dignas de la vida". Lo último que Jesús haría en este contexto es afirmar: "Tienes razón, Pedro. Las mujeres no son dignas de la vida". Sin embargo, al percatarse de que Pedro está convencido de esta verdad, Jesús responde haciendo referencia a lo dicho en el versículo 22 sobre "hacer varón a la mujer", añadiendo: "Porque toda mujer que se convierta en varón entrará en el Reino de los Cielos". No obstante, ¿qué afirmó realmente Jesús sobre transformar a la mujer en varón? Veamos:

"Cuando logres que ambos sean uno y que lo interior sea como lo exterior y lo exterior como lo interior y lo alto como lo bajo, y que hagas que el varón y la hembra sean uno y lo mismo, para que el varón deje de ser varón y la hembra deje de ser hembra, cuando conviertas un ojo en lugar de un ojo, una mano en lugar de una mano, un pie en lugar de un pie, una imagen en lugar de una imagen, entonces entrarás en el Reino".

Jesús no solo instruyó a sus discípulos a "hacer de los dos uno", sino que también indicó que deben "hacer del macho y de la hembra uno y lo mismo" para que "el macho deje de ser macho, ni la hembra deje de ser hembra", y así, únicamente entonces, "...entraréis en el Reino".

Entonces, ¿qué sucede aquí? ¿Está Jesús de acuerdo con Pedro en que las mujeres no son dignas de la vida? No. ¿Está Jesús de acuerdo con Pedro en que María debe convertirse en varón para ingresar al Reino? No exactamente. Lo que está indicando es que si María debe transformarse en varón para entrar en el Reino, entonces Pedro también debe transformarse en mujer para ingresar. Esto carecería de sentido sin comprender que lo que realmente debe ocurrir es: "Ambos deben unirse... (para que) el varón y la mujer sean uno y lo mismo". En otras palabras, las distinciones de masculino y femenino son ilusiones. Son dos conceptos falsos que no tienen cabida en el Reino. Por ello, el apóstol Pablo afirmó en Gálatas 3: "No hay varón ni mujer, porque todos vosotros sois uno en Cristo", y en Colosenses 3:11 que "Cristo es todo y está en todos".

Jesús participa en la lógica anti-mujer de Pedro al sugerir que transformará a María en varón, pero al hacerlo, recuerda el panorama completo que presentó en el versículo 22, donde el varón y la mujer se funden en uno y esas distinciones de sexo y género desaparecen, convirtiéndose en uno y lo mismo.

Esta idea de la unión de ambos es también una referencia directa a la creación de Adán y Eva en el Génesis, donde el estado original de la humanidad era hombre y mujer en una sola persona. Jesús está afirmando que la unidad que hombres y mujeres conocieron en el Jardín antes de la separación se restaura en Cristo, revelando esas designaciones como ilusiones que no tienen lugar en el Reino de Dios.

Conclusiones

Apreciamos la oportunidad de haber explorado juntos el Evangelio de Tomás y de habernos sumergido en su rico simbolismo. Es evidente que, en ocasiones, las ideas presentadas en este texto resultan desafiantes y los dichos pueden ser algo enigmáticos. Sin embargo, agradecemos profundamente haber compartido este camino para intentar comprender estos dichos y enfrentar en conjunto estas ideas complejas.

El Evangelio de Tomás representa un tesoro perdido para quienes se interesan por las palabras de Jesús. Es especialmente fascinante como ejemplo de la evolución de la fe cristiana desde sus inicios, a través de los siglos I y II, y más allá hasta el siglo IV, cuando gran parte de su mensaje fue distorsionado por Constantino y suprimido por Atanasio. Hoy en día, la fe cristiana se ha canonizado en una religión unidimensional que, en ocasiones, se aleja considerablemente de lo que Jesús dijo o hizo.

Afortunadamente, la supresión del Evangelio de Tomás no logró destruir el texto. Gracias a los fieles creyentes que lo ocultaron junto con otros textos sagrados en Nag Hammadi, se conserva al menos una copia completa de los dichos perdidos de Jesús.

Este Evangelio de Tomás no es el único texto que ofrece una ventana a las diversas corrientes de pensamiento y experiencia cristianas de la Iglesia primitiva. Invitamos a explorar otros textos de Nag Hammadi, como el Evangelio de Felipe, el Evangelio de María y el Evangelio de la Verdad, para conocer cómo eran esos distintos "cristianismos" y comprender mejor lo que creían sobre Cristo y nuestra conexión con Dios y entre nosotros mismos.

El propósito de este libro ha sido brindar una visión general del Evangelio de Tomás para entender quién lo escribió, por qué era importante, quién intentó suprimirlo y por qué. Además, se ha procurado explicar cómo fue descubierto, traducido y, recientemente, examinado con mayor detalle para discernir qué sabiduría puede contener para el presente.

Como se ha señalado, los dichos de Jesús en Tomás son precisamente eso: palabras de Jesús, sin comentarios, narraciones ni explicaciones. Esto los hace sencillos en un sentido y profundamente misteriosos en otros. Son sencillos porque recopilan las palabras que Jesús expresó a sus discípulos en privado. Sin embargo, resultan misteriosos porque estos dichos sugieren ideas más profundas sobre Dios y la humanidad que, en ocasiones, pueden ser difíciles de comprender.

Los estudiosos e historiadores del Nuevo Testamento están cada vez más convencidos de que Tomás es una recopilación legítima de los dichos de Jesús, probablemente fechada a finales del siglo I o principios del II. Es posible que sea posterior al Evangelio de Marcos pero anterior al Evangelio de Juan, con la mitad de los dichos reflejados en

Mateo y Lucas, y con más referencias al documento fuente Q que cualquiera de ellos.

El mensaje principal que se extrae del Evangelio de Tomás es: Cristo está en usted y usted está en Cristo. Esta sencilla idea transmite varios conceptos profundos que merecen reflexión. Si Cristo está en mí, y yo estoy en Cristo, y Cristo está en usted como usted está en Cristo, entonces no existe separación entre nosotros y Dios, ni entre yo y usted, o cualquier otra persona.

La idea de separación de Dios o de los demás es una ilusión persistente de la cual debemos intentar despertar. ¿Por qué? Porque mientras se crea que Dios está "allá arriba" o "allá afuera", nunca se experimentará plenamente la gloriosa realidad de "Cristo en nosotros" que el apóstol Pablo describió como "la esperanza de gloria". Esto implica reconocer que esta idea radical de "Cristo en usted y usted (y todos los demás) en Cristo" no es exclusiva de Tomás. No es una revelación especial ni un concepto extrabíblico que los gnósticos heréticos intentaron insertar en la ortodoxia cristiana para subvertir el mensaje evangélico. Al contrario, la enseñanza de que Cristo está en nosotros y nosotros en Cristo se encuentra en todas partes en las escrituras del Nuevo Testamento. Desde las enseñanzas de Jesús hasta las epístolas de Pablo, repetidamente se leen palabras de conexión con Dios y de unidad inseparable con Cristo.

> "Aquel día sabréis que yo estoy en mi Padre, y vosotros en mí, y yo en vosotros". (Juan 14:20)

> "Te ruego que todos sean uno, como tú y yo somos uno: tú en mí, Padre, y yo en ti. Y que ellos estén en nosotros para que el mundo crea que tú me enviaste". (Juan 17:21)

> "Porque todos los que habéis sido bautizados en Cristo os habéis revestido de Cristo. Ya no hay judío ni griego, ni esclavo ni libre, ni hombre ni mujer; porque todos vosotros sois uno en Cristo Jesús." (Gálatas 3:27-28)

> "Cristo es todo y está en todos". (Colosenses 3:11)

> "Estamos llenos de la plenitud de Cristo, que lo llena todo en todos los sentidos". (Efesios 1:23)

> "(Cristo es) aquel en quien todos vivimos, nos movemos y existimos". (Hechos 17:28)

Entonces, si las ideas centrales del Evangelio de Tomás se encuentran dispersas en nuestros propios textos del Nuevo Testamento, ¿por qué algunos sostienen que el Evangelio de Tomás contiene enseñanzas "ocultas" o "secretas" de Cristo? Porque, a pesar de que esta enseñanza está presente a lo largo de Tomás y otros textos del Nuevo Testamento, la mayoría de los cristianos actuales no la reconocen y, de hecho, consideran la idea escandalosa y peligrosa. En otras palabras, esta enseñanza está oculta a plena vista y, aunque está en las escrituras apreciadas por los cristianos, aún no la reconocen y, en su mayoría, ni siquiera saben que está allí. ¿Qué podría ser más "oculto" o "secreto" que eso?

Lo que realmente distingue a Tomás de las demás referencias en los textos del Nuevo Testamento es que, aunque estas enseñanzas aparecen dispersas por los Evangelios y las epístolas de Pablo, el mensaje es central en los dichos de Jesús en cada página de Tomás. Casi no se puede leer un dicho de Jesús en Tomás sin encontrar otro ejemplo de cómo la separación de Dios es una ilusión, o de cómo el Reino de Dios está dentro de nosotros, o de cómo despertar de la mentalidad dualista es esencial para nuestra madurez espiritual.

Cuanto más se estudia a Tomás, más surge la pregunta: ¿por qué hubo tanta controversia en torno a este texto en los primeros siglos del movimiento cristiano? ¿Por qué tantos líderes y maestros cristianos temían que se leyera, estudiara o tomara en serio? Las ideas que contiene, como ya se ha visto, no son nuevas; no contradicen nada de lo que dice Jesús y, de hecho, muy a menudo lo que se lee en Tomás es el mismo dicho, o un nuevo dicho que complementa las ideas que Jesús transmitió en los otros Evangelios. Tomás tampoco contradice los escritos de Pablo. De hecho, nadie es más enfático sobre nuestra unidad con Cristo y nuestra unidad unos con otros a través de Cristo que Pablo.

Entonces, ¿por qué tanta polémica? ¿Por qué tanto rechazo? ¿Por qué rechazar este texto durante casi 400 años y luego intentar destruir todas las copias conocidas del mismo, si no está subvirtiendo el evangelio? Se presentan algunas teorías al respecto.

En primer lugar, se considera que la resistencia inicial al Evangelio de Tomás tuvo más que ver con un choque de ideologías. Ireneo se sentía amenazado, no por el Evangelio de Tomás en sí, sino por las enseñanzas y los seguidores de Valentino. Deseaba erradicar las doctrinas de Valentino y veía a esa secta específica del movimiento cristiano primitivo como peligrosa, principalmente porque no era el líder de ese grupo y porque esas enseñanzas se estaban volviendo más influyentes dentro de su propia comunidad. El Evangelio de Tomás no era su objetivo principal, sino el texto asociado con las personas e ideologías que quería silenciar y eliminar. Si podía destruir o deslegitimar sus textos—Tomás, el Evangelio de la Verdad, etc.—creía que podría marginar sus enseñanzas y, lo que es más importante, debilitar su movimiento.

En segundo lugar, se argumenta que el énfasis en nuestra unidad con Cristo y con los demás representaba—y sigue representando—una amenaza para las estructuras de poder religioso que surgieron después de la era apostólica. Las iglesias cristianas modernas han creado un organismo corporativo próspero que requiere una financiación constante para perdurar. El sistema existe para perpetuarse. Así, en muchas iglesias cristianas alrededor del mundo, cada domingo por la mañana, se les dice a los cristianos que son individuos insignificantes separados de Dios por su pecaminosidad. Deben cantar, gritar y pedir perdón a Dios. Al final del servicio, se les ofrece la oportunidad de ser limpiados y "reconciliados con Dios" nuevamente. Pero, antes de que termine la semana, todos requerirán una repetición interminable de ese proceso, manteniéndolos siempre dependientes de la iglesia para esa necesidad constante de expiación y conexión con Dios. Por eso, el mensaje de que todos ya están conectados con Dios es tan peligroso.

Sin embargo, si, como dice Pablo en 2 Corintios 5:19, "Dios estaba en Cristo, no tomándonos en cuenta nuestros pecados, sino reconciliando al mundo consigo mismo", entonces no hay razón para preocuparse de que nuestros pecados nos separen de Dios. Dios ha dicho que no tiene en cuenta nuestros pecados. Dios ya ha reconciliado al mundo consigo mismo. En otra parte, Dios dice que ha echado nuestros pecados tan lejos como el oriente está del occidente y que ya no los recuerda. Entonces, ¿por qué muchos seguimos atrapados en nuestros pecados? ¿Por qué seguimos obsesionados con nuestra necesidad de expiación si Dios dice que no guarda ningún registro de los males? Porque se nos ha lavado el cerebro para creer lo contrario.

La realidad es que muchos de los primeros cristianos abrazaron la doctrina de la reconciliación universal. De hecho, durante los primeros 400 años de la historia de la Iglesia, de las tres visiones diferentes del infierno—aniquilación, tormento eterno y reconciliación universal (o apokatastasis)— la mayoría de los cristianos apoyaron la reconciliación universal. Por ello, San Agustín pudo afirmar que "incluso ahora muchos abrazan la reconciliación universal" en su época, ya que su opinión—el tormento eterno—era minoritaria. Agustín incluso reconoció que quienes rechazaban su punto de vista lo hacían "sin contradecir las Sagradas Escrituras" porque él consideraba que su perspectiva se basaba en las Escrituras.

Ahora que el Evangelio de Tomás ha sido descubierto, traducido y estudiado, se puede entender con mayor claridad lo que muchos de los primeros cristianos creían sobre Jesús y su enseñanza central: que todos estamos en Cristo, y Cristo está en todos nosotros.

Si podemos abrazar ese mensaje y adoptarlo verdaderamente, entonces amar al prójimo como a uno mismo se vuelve evidente; amar al enemigo tiene más sentido; perdonar a los demás como se nos ha perdonado se convierte en algo natural, y comprender que no existe separación entre nosotros y Dios, ni entre nosotros y cualquier otra persona, se convierte en algo fundamental que transforma el mundo para todos.

Agradecemos el descubrimiento de este Evangelio de Tomás. Inspiran los dichos de Jesús que aquí se recogen, y esperamos que estos dichos—y este mensaje de nuestra unidad con Dios y entre nosotros—puedan salir del desierto, a la luz del día y, con suerte, a los corazones y las mentes de cada uno. Anhelamos el día en que todos puedan ver finalmente que, en realidad, no existe el "nosotros contra ellos", sino solo el "nosotros".

Epílogo

A lo largo de las páginas de este libro, hemos emprendido un viaje profundo y revelador a través del Evangelio de Tomás, desentrañando las enseñanzas ocultas de Jesús y explorando la sabiduría transformadora que contienen. El autor Pluma Arcana nos ha guiado con destreza a través de cada uno de los dichos, revelando capas de significado que desafían nuestras nociones preconcebidas y nos invitan a una comprensión más profunda de nuestra verdadera naturaleza y nuestra relación con lo divino.

Una de las ideas centrales que ha resonado a lo largo de este libro es la noción de la no dualidad y la unidad con Dios. El Evangelio de Tomás nos recuerda que la separación es una ilusión y que, en realidad, estamos inseparablemente conectados con la fuente divina y con todo lo que nos rodea. Esta comprensión tiene el poder de transformar nuestra percepción del mundo y de nosotros mismos, liberándonos de las limitaciones del ego y abriéndonos a una experiencia más profunda de la realidad.

Además, el libro nos ha desafiado a cuestionar nuestras ideas preconcebidas sobre el Reino de Dios, presentándolo no como un lugar distante o un estado futuro, sino como una realidad presente que reside tanto dentro como fuera de nosotros. A través de los dichos de Jesús, se nos invita a buscar y encontrar esa chispa divina que habita en nuestro interior, a reconocer nuestra verdadera identidad como hijos del Padre Viviente y a vivir desde esa conciencia de unidad.

Quizás uno de los aspectos más valiosos de este libro es la forma en que nos invita a una búsqueda continua de la verdad. El Evangelio de Tomás no pretende ofrecer respuestas fáciles o dogmas rígidos, sino que nos anima a cuestionar, a explorar y a descubrir por nosotros mismos. El autor nos recuerda que el camino espiritual es un viaje de autodescubrimiento y despertar, y que cada uno de nosotros debe recorrerlo de manera única y personal.

Cynthia de Salvador Freixedo

FIN

Sobre el Autor

Pluma Arcana, el enigmático autor detrás de esta obra, es un incansable buscador de la verdad que ha dedicado su vida a desentrañar las conspiraciones ocultas que moldean nuestro mundo. Con una mente aguda y una insaciable curiosidad, Pluma Arcana ha sumergido en las profundidades de la historia, la filosofía y el esoterismo para descubrir los hilos invisibles que conectan eventos aparentemente dispares.

Desde temprana edad, Pluma Arcana sintió una profunda fascinación por los misterios que yacen más allá de la superficie de la realidad convencional. Su búsqueda lo ha llevado a explorar diversas tradiciones espirituales y esotéricas, desde el hermetismo y la gnosis hasta las sociedades secretas y los enigmas arqueológicos. A través de sus estudios, ha desarrollado una comprensión única de las fuerzas ocultas que han dado forma a la civilización humana a lo largo de los siglos.

Convencido de que la historia oficial es una mera fachada que oculta una realidad mucho más siniestra, Pluma Arcana se ha sumergido en archivos secretos, documentos desclasificados y testimonios de informantes para armar el rompecabezas de la gran conspiración. Su investigación lo ha llevado a descubrir la existencia de un gobierno en la sombra, una red global de élites y sociedades secretas que manipulan eventos desde detrás del escenario para avanzar en su agenda de dominación mundial.

Además de su labor como escritor y maestro, Pluma Arcana es un apasionado defensor de la libertad individual y la soberanía energética. Cree firmemente que cada ser humano tiene el potencial de convertirse en su propio alquimista, transmutando el plomo de la ignorancia y el miedo en el oro de la sabiduría y la liberación.

A través de sus obras, , Pluma Arcana busca empoderar a sus lectores, proporcionándoles las herramientas y conocimientos necesarios para enfrentar a los Arcontes y reclamar su libertad innata.

Con su estilo único, que combina erudición, profundidad filosófica y un toque de misterio, Pluma Arcana se ha convertido en una figura influyente en los círculos esotéricos y contraculturales. Su mensaje resuena con aquellos que anhelan despertar del letargo impuesto por la mátrix y embarcarse en un viaje de autodescubrimiento y transformación.

www.ingramcontent.com/pod-product-compliance
Lightning Source LLC
Chambersburg PA
CBHW071307110426
42743CB00042B/1208